慈げんの定番メニュー

抹茶

ミルクココアに
きなこクリーム

黒みつきなこクリーム

あんプレッソ

キャラメルミルクナッツ
パルミジャーノレッジャーノ

一年中、食べられる逸品。ほかに和三盆レモンやラムレーズンなどがある。定番とはいえ、ときどき入れ替わるので油断大敵

《 慈げんの1年間のメニュー ‖ 1〜4月 》

ザりんご

直実

2月〈みかん〉

ベリーベリーチョコっとキャラメル

ザみかんに金柑

ミルクにりんごにパルミジャーノレッジャーノ

大根とゆず

1月〈レモン〉

鏡もち氷

甘酒に金柑少々

正月氷からはじまり、バレンタイン氷、ホワイトデー氷と
次から次へと新しいイベント氷が登場する季節

グレープフルーツに文旦に
ゆずのエスプーマ

プレミアムミルクにレモンSP

4月〈オレンジ〉

3月〈桜〉

オレンジ系に粉山椒とミル
クにわさびのフロマージュ

ホワイトラブ

桜

レモンミルクヨーグルト
にキウイ

ひな祭り三昧

《 慈げんの1年間のメニュー ‖ 5～9月 》

すももとあんずのあいがけ

ミルクにレモンクリームにメロンの実

7月〈すもも〉　6月〈あんず〉　5月〈メロン〉

カレー氷

アサイーベリーミックス

じゃがいもコーン

和三盆レモン梅干し

ベジフル

暑い季節においしい、さっぱりしたかき氷がたくさんお目見え
カレー氷やアサイーなど、出会えるかどうかはあなたの運次第

ザいちじく

ザすいか

9月〈いちじく、ラフランス〉

8月〈巨峰、梨〉

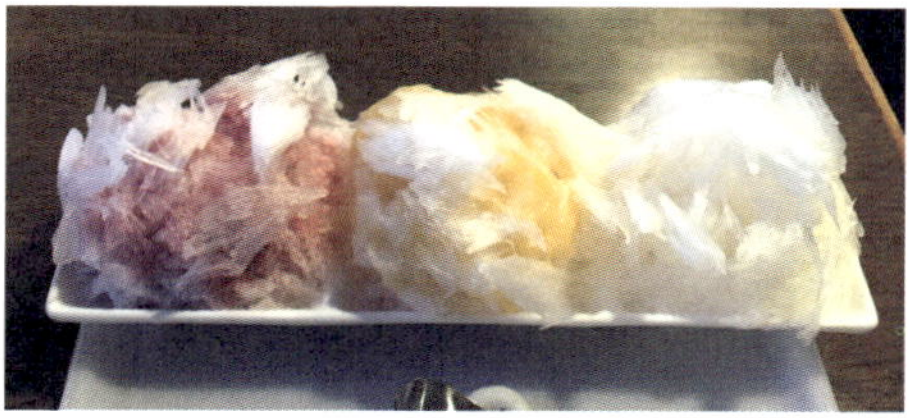

秋三昧

大人のブルーハワイ

ミルクにさつまいも

いちじくのカプレーゼっぽいやつ!!

ミルクにすももにレミヨのエスプーマ

《 慈げんの1年間のメニュー ‖ 10〜12月 》

カラメルウイスキーにラフランス

魔女のりんご

11月〈りんご〉　　10月〈かぼちゃ〉

いもくりかぼちゃ

トリックオアトリート

MontBlanc

さつまいもに
ラムレーズン

ベリーベリーレアチーズ

ハロウィンから始まる10月は、お店がもっとも華やぐ季節
イベント氷の注文はひとり1個なので制覇はけわしい道のりです

ホール型

プレミアムミルクに生いちご

12月〈いちご、金柑〉

ハート型

パフェ型

ツリー型

リース型

ユージュアリー型

慈げんザ ミルク×3

慈げんの不定期メニュー

出会えたら超ラッキーなかき氷。日々、刻々と変化するため午前と午後で素材の組み合わせや形が違うことも

バナナミルクにキャラメルグラノーラ

あんみつ氷

ずんだ豆乳

プディング

キャラメルミルクに
焼きパイン

「慈げん」が
人を熱狂させる
5つのたくらみ

真夏も雪の日も かき氷おかわり！

今日も1日、どんな仕掛けでお客さんを喜ばせて…、いや、驚かせてやろうか。開店時間になっても準備中で控えているメニューもあるし、季節の飾りつけももっとやりたくて、うずうずしてる。頭の中は、休みなくずっと考えてる。真夏も雪の日も、考えることは止められない

目次

第1章

第2章

第5章

慈げんはどうやってできたの？…163

第1章

どうしてそんなに慈げんに行きたくなるの？

常連さんの証言

満足感

しまちゃん

片道2時間かけても良《い》い価値のある中毒性

かき氷おじさん

こんなになん度も行くお店、なん度行ってもメニューに迷ってしまうお店は、あとにも先にもほかにありません

xxxyoshino

いつも私たちを楽しませてくれて、早くまた行きたいと思わずにいられない素敵なお店です

タモリ

自分へのごほうびです！

お花

行くたびに違うメニューが出ていて新しい発見ができる。明日への活力

三度の飯よりかき氷

ミルク

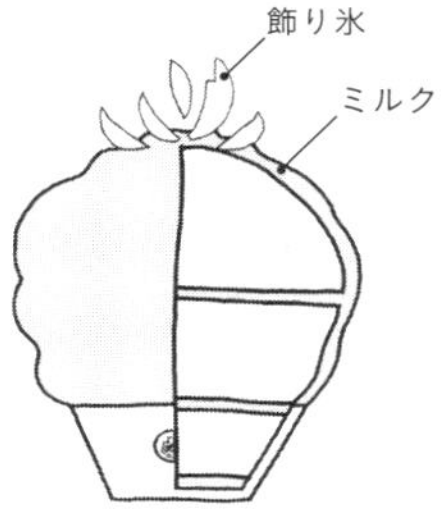

メニュー数は毎日15種類40通り以上。だれもが「お気に入り」に出会えるように

かき氷店「慈《じ》げん」は、埼玉県の熊谷《くまがや》駅から9分ほど歩いた、市役所通りにあります。

最高気温の41・1℃を記録（2018年）したことで、「日本一暑い場所」としてずいぶん有名になりましたが、コンクリートの照り返しが強い店の前は、45℃くらいまで上がります。そして冬は、乾燥した北風・赤城《あかぎ》おろしが吹き、体感温度はむちゃくちゃ低い。

この寒暖差が、野菜や果物、日本酒など地元の素材をおいしく育てます。

そして、利根川と荒川の地下水は、おいしくきれいな水を生み出します。

熊谷には、かき氷をつくるのにいい条件がそろっているのです。

ミルクあずき

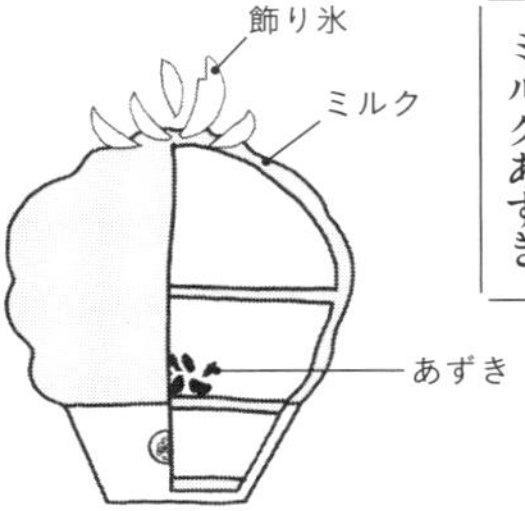

ミルクあずきにきなこクリーム

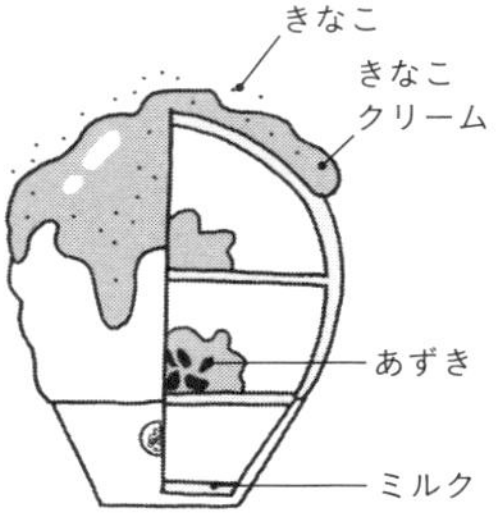

慈げんの開店は朝10時ごろ。入店のお客さんひとりずつを、私・店主が出迎えます。

今日も1日、どんな仕掛けでお客さんを喜ばせて…、いや、驚かせてやろうか。開店時間になっても準備中で控えているメニューもあるし、季節の飾りつけももっとやりたくて、うずうずしてる。

いらっしゃい。まずは、注文をお願いします。

壁にはり出した手書きのメニューを見ながら、お客さんは驚いたり、うれしそうな顔をしたり、困ったり。どの反応も、店主としては「やったね」という気分です。

女性のふたり組は、楽しそうに話しながら、それぞれ好きなものをひとつずつ頼み、シェア用にもう1杯。お目当てのメニューが見つかったみたいで、うれしそう。その次のおひとりさまは、いつも頼むかき氷に、季節

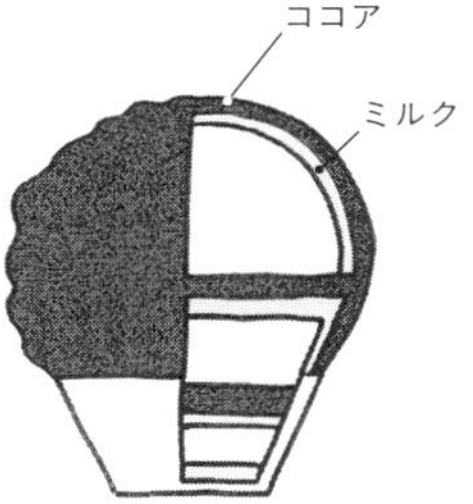

ミルクココア

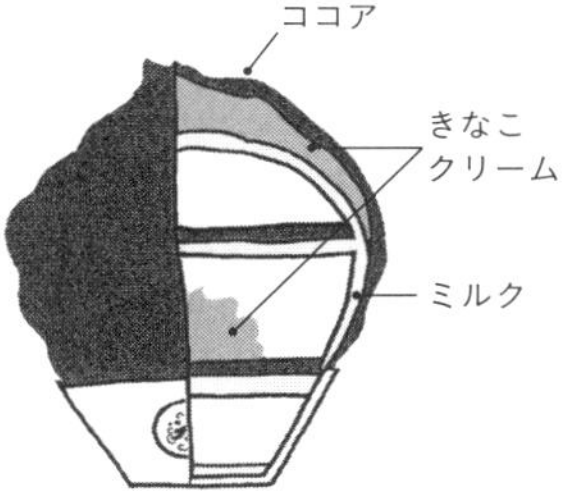

ミルクココアに
きなこクリーム

メニューを加えて3杯。「よし、食べるぞ」と意気込み十分です。

近ごろは、インスタの投稿を見ながら、

「これ、ありますか?」

と尋ねる人も多くなりました。

残念ですが、昨日あったメニューが今日も出ているとは限りません。一年前にあったものが、今年も同じ時期にあるわけでもありません。多くのメニューが一《いち》期《ご》一《いち》会《え》で、気まぐれで、はかないのです。

今日初めて来たあるお客さんは、メニューの多さに戸惑いながら、15分くらい考えて、ようやく1杯を選び終えました。

1杯でいいんですか?

思わず聞いてしまいました。

壁にはり出したメニューは、ミルクや抹茶、黒みつ、和三盆などの定番もの5~7種類に加えて、季節の素材を使ったかき氷が10~12種。春なら桜、初夏はあんずやメロン、夏ならすいかやすもも、マンゴー、秋には柿

ザ生いちご

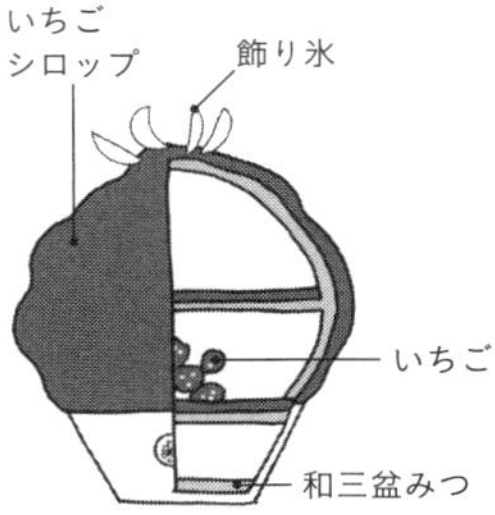

ミルクに生いちご

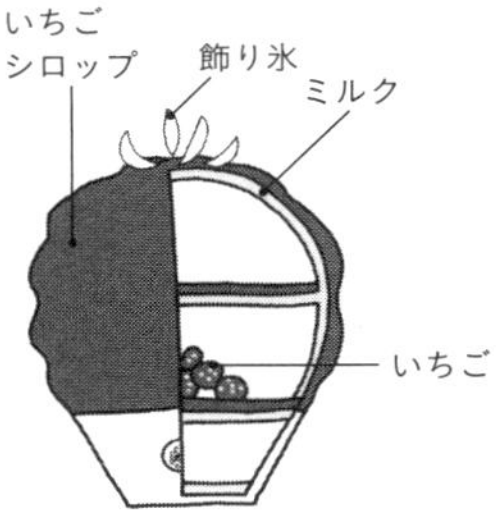

やいも類、冬はいちごやみかん…。さらに、季節イベントの限定メニューやその日の思いつきメニューも加わります。

どうしてそんなに？と思うかもしれませんが、お客さんに、わくわくしながら好みの一品を見つけてほしいから。

だから、「どれがいちばんおすすめですか？」って聞く人には、「全部おすすめ」「あなたの心が決めてくれますよ」と、冗談半分で答えます。

好みはひとりひとり違うから、本当はひとりひとりの味覚に合わせることが理想。それはできないので、甘いのから酸っぱいの・苦味のあるもの、さっぱりしたものからこってり系まで、幅を広げてメニューを用意しておくのです。

その中から、自分の好きなものを選んでください。迷っても、時間かかってもいいから。

それらの味を、その日の天気を見ながら、ラインナップとして組み立てるのが、最初の仕事。気温が高ければさっぱり味、たとえばレモンやライムなどがよく出るし、雨の日だとさっぱり系と濃厚系と両極端に分かれた

プレミアムミルクに生いちご

ザ生いちごにレモンミルクヨーグルト

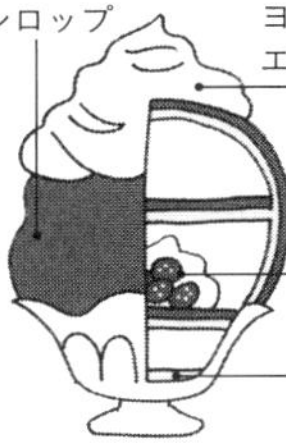

りもする。そこから、さらにその日の果物の状況に応じて味のバリエーションを広げていきます。

たとえば、定番メニューのミルクを使った1種類だけでも、常時5通り。〈ミルク〉〈ミルクあずき〉〈ミルクあずきにきなこクリーム〉〈ミルクココア〉〈ミルクココアにきなこクリーム〉といったふうに。

冬に王道のいちごはさらに数が多く、〈ザ生いちご〉〈ミルクに生いちご〉〈プレミアムミルクに生いちご〉〈ザ生いちごにレモンミルクヨーグルト〉〈いちごみるくあずきラテっぽい〉など5〜8通り。

どれもひねり出したわけではなくて、作りたいものが頭に浮かんできた結果です。フワっと瞬時に浮かぶものもあれば、時間をかけて少しずつ形になるものも。これればかりは少し説明が難しいのですが…。

ちなみに、メニュー名に「ザ」とついているのは、素材そのものをしっかり味わえるもの。〈ザ メロン〉というように。「っぽいやつ」とついているのは…、まあ、そういうこと。〈いちごみるくあずきラテっぽい〉や、秋の人気メニュー〈いちじくのカプレーゼっぽいやつ‼〉などいくつかあ

いちごみるく
あずきラテっぽい

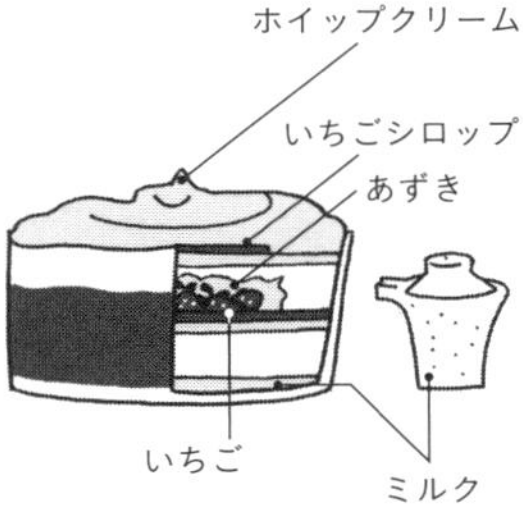

ザメロン

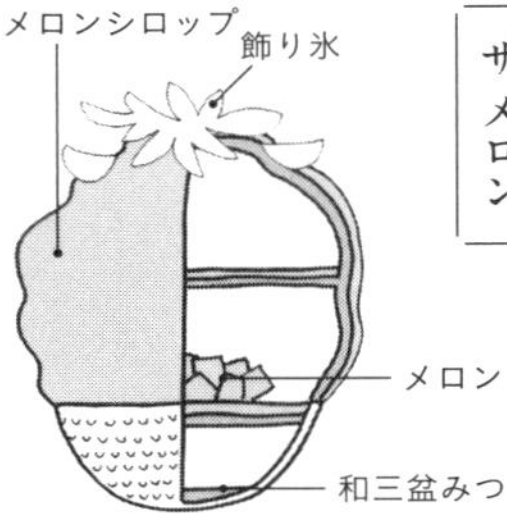

って、よく冗談だと思われます。

こんなふうに、慈げんのメニュー名は、やたらと長いのが特徴です。定番メニューの中でいちばん長いのは、〈キャラメルミルクナッツパルミジャーノレッジャーノ〉。その長いメニュー名を、うまく1枚の紙に毛筆で書くのが、慈げん(福)店主である妻の得意技です。

そうしたアレンジをきかせていくと、100通りだって200通りだって作れますが、それを絞って、削って、1日40~50通り。これがさらに増えるのが、クリスマスやバレンタインなどの限定メニューが出るときです。

数をどこで上限とするかは、壁にメニューをはりきれなくなったときと、スタッフのミスが出てくるとき。何か具材を入れ忘れたとか、オーダーを間違えるとか、単純なミスが出てきたら、気づいた時点でひとつ・ふたつメニューを減らします。

それでも、同じようなメニューが1週間、2週間と続くと、今度は自分自身が悶々《もんもん》としてしまいます。なんだか停滞しているみたいで、違うこと

慈げんザ ミルク×3

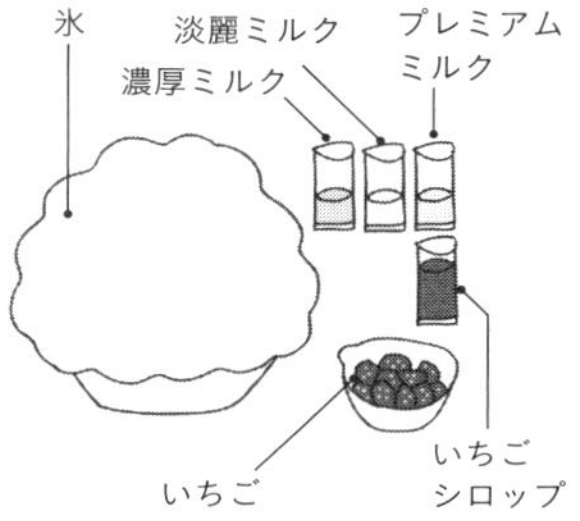

ミルクに
わさびのフロマージュ

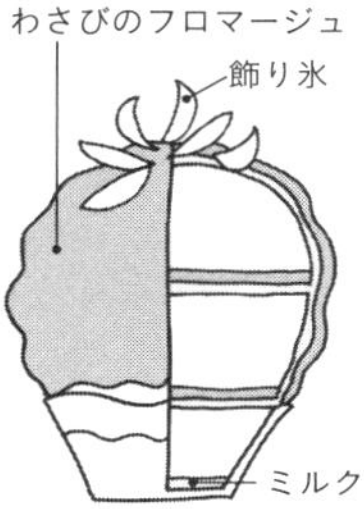

をしたくなるのです。

そんなとき、ふと午後になって〈慈げんザ ミルク×3〉というメニューを思いつきました。見た目は真っ白な1杯のかき氷。そこに味の異なる3種類のミルクをピッチャーに入れて、好きにかけて食べてもらいます。好みでいちごや金柑《きんかん》、マンゴーを選んで添えて、アレンジもできます。これがミルク好きに受けて、それからは頻繁に登場するようになりました。

ベタなものが多くなってると感じたら、物足りなくなって、変わりダネをブチこんだりもします。〈ミルクにわさびのフロマージュ〉〈カレー氷〉〈ひな祭り三昧〉…。その日限りで、次はいつ食べられるかわからないこんなメニューは、まさに一期一会です。

もし店が都心の一等地なら、または大きなチェーン展開の店なら、いくつかの特徴的なメニューに絞って、それを目当てに来てもらうという方法が成立するでしょう。けれど、熊谷まで来てもらうには、一品ずつに「少し角《かど》がある」くらいがちょうどいいのです。

カレー氷

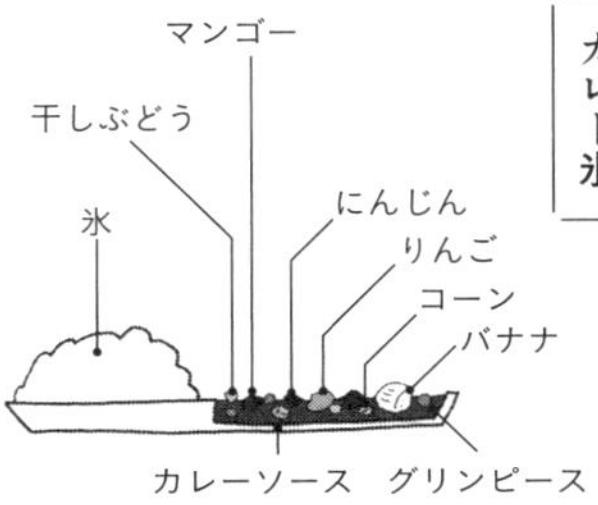

ひな祭り三昧

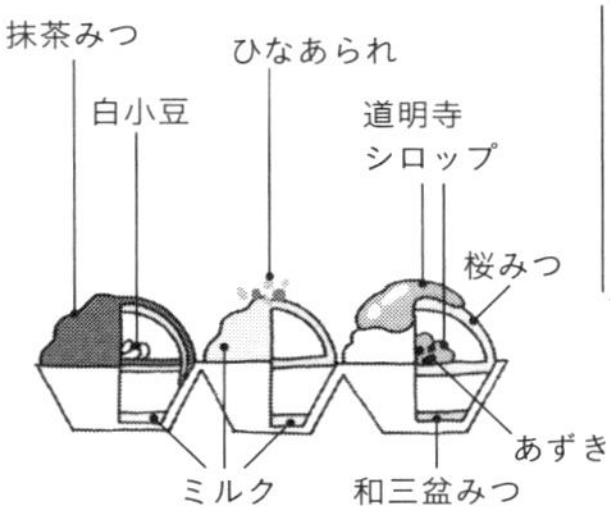

なん杯食べた人でも、帰るときにもう一度、壁のメニューを眺めます。「あっちも食べたかったな」「こっちも気になる…」という顔をしながら、メニューの写真を撮って帰るところまでが、楽しい時間。さらに、家に着くまで、次にお店に来るまで、ずっとわくわくが続いていたら、こっちもうれしいものです。

朝のお客さんに、「1杯でいいんですか?」と聞いたのには、理由があります。

多くのお客さんは、1杯のつもりでも、食べると別のものも欲しくなるものです。泣く泣くあきらめたメニューをやっぱり食べたかったと思うこともあれば、同じものをリピートしたいと思う人もいるらしい。隣で食べている人のこんもりした〈あんプレッソ〉を見て、つられる人もいる。そして、食べている最中に、店主の気まぐれで新たなメニュー〈いもくりかぼちゃ〉が加わることもあります。

けれど、慈げんでは基本的に追加注文を受け付けていません。最初に注

あんプレッソ

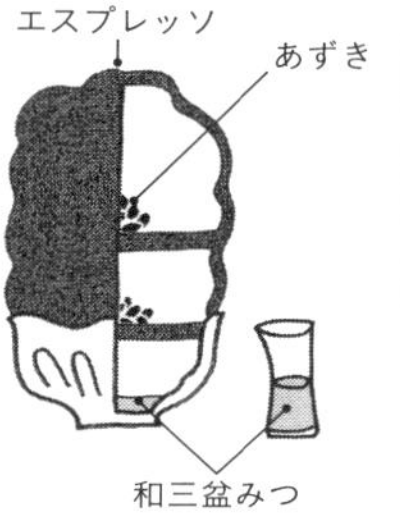

いもくりかぼちゃ

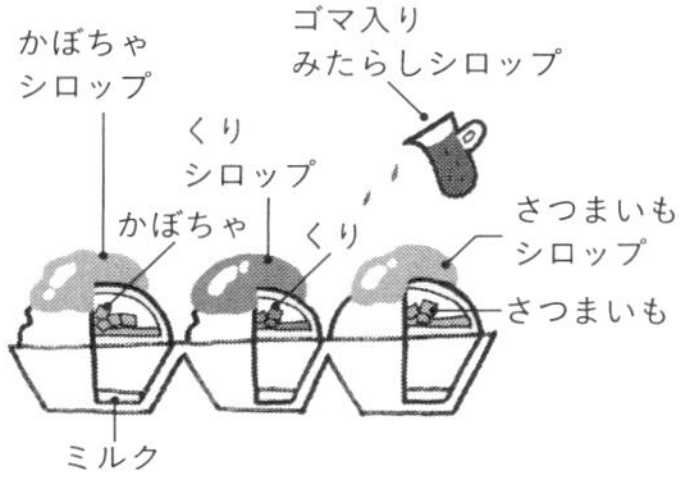

文をいただいたら、味のバランスから順番を考えて、途中のはし休めをはさんで、食べる早さを見ながら2杯目、3杯目を出すようにしているから。また作る工程が多く、1杯に15分程度かかることもあって、次の時間帯の予約が埋まっているときは、なおさら厳しくなってしまうのです。

すいませんね、また来てくださいね。

たいていは翌週くらいにまた戻って来てくれます。そうすると、前回なかったものが出ていて、また迷わせてしまう。なん度来ても、その繰り返し。飽きるどころか、来るたびに食べたいものをガマンさせることになります。

いじめているわけじゃ、ないんですよ。でも、私がドSでお客さんがMなのかもしれないって、ときどき思います。

そして明らかなのは、店主の私がいちばん飽きやすいということです。

ベジフル

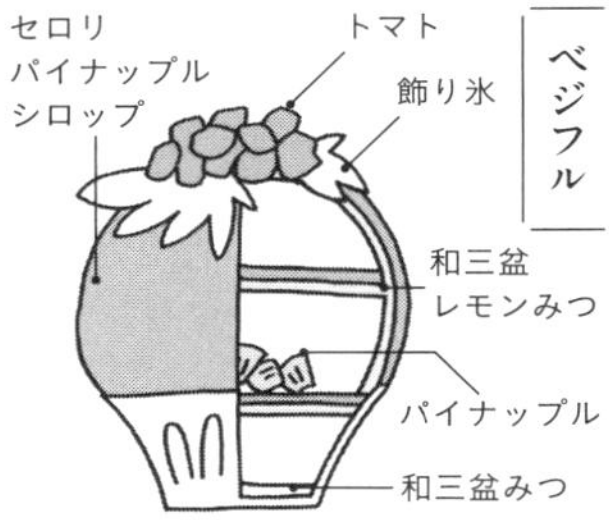

証言

「お客さんと一緒に楽しんで、現状に満足しない。そして、いまだに謎だらけです」

（たい焼き・かき氷店「浅草浪花家《あさくさなにわや》」店主・安田《やすだ》亮介《りょうすけ》）

初めて慈げんさんで食べたのは〈ベジフル〉〈ホワイトラブ〉と〈熊谷うどん〉。かき氷イベントでご一緒したのが、マスターの宇田川さんに出会ったきっかけでした。

慈げんさんの氷の口あたりにはびっくりでした。こんなにふわふわで、こんなにおいしいかき氷があるんだ。そして、こんなにかき氷の種類がたくさんあるんだと。

宇田川さんは氷の扱い方や温度調整、削り機の扱い方を教えてくれて、イベントで出すメニューもアドバイスしてくれました。うちの店がたい焼き屋だから、「あんこを使ったかき氷をやったら」と言ってくれたのを、覚えてます。イベントでは、店でも人気だった、いちごミルクにあんこをのせた「あさやけ」などを出しました。それ以来、意識して「浅草浪花家らしさ」を大切にしたメニューを考えるようにしています。

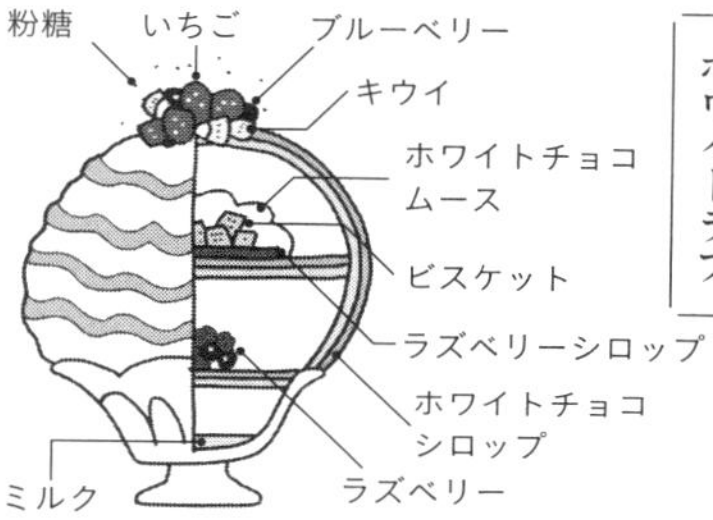

自分の店のメニュー数はそんなに多くなく、新作は年に1〜2種類のペース。だから、慈げんさんの無限に見えるアイデアには驚かされます。メニュー数、食材の種類、驚きの組み合わせ…とうていかないません。

そもそも、なんで宇田川さんはそこまでやるんだろう。

すでにたくさんのメニューがあるのに、何もしなくてもお客さんは来るのに、それでも毎日のように新しいものを出してくる。楽をしようと思ったり、これでいいやと満足したりすることもなく。

きっとお客さんと一緒になって、いやそれ以上に自分が、いちばん楽しんでやっているんだと思います。

かき氷を作ってもうすぐ10年になります。でも宇田川さんがあれだけのメニュー数をどうやって考えてるのか、どれだけ仕込みに手間をかけてるのか…、いまだに謎だらけです（笑）。

常連100人アンケート

Q 初めての慈げん

かき氷って、こんなんだったっけ？ と驚いた記憶があります

りん

会社の友達に初めて連れて行ってもらいました。それまでは、かき氷をお店で食べたのは2回くらい。普通においしかったですが、慈げんさんはとにかく、私のかき氷の概念を超えすぎてました。もう、メニューを見ただけではおいしいのか？どんな味なのか？想像できなくて。確かに、想像できるものではありませんでした。もう、おいしすぎて！その後は月1くらいですが通わせてもらってます

金ちゃん

慈げんで初めて食べたかき氷

順位	メニュー名
1	ミルクココアにきなこクリーム
2	ミルクココア
3	クリスマス氷
次点	ずんだ豆乳
次点	ミルクに桃
番外	フライ／うどん

かき氷は、甘い、キーン、溶ける、最後は薄くなった甘い水のイメージだったのが、すべてくつがえされた。すごい！のひとことだった

ワイブル

本当に衝撃を受けました！たぶん慈げんさんを超えるかき氷屋さんは今後もないだろうなと

のんちゃん

慈げんさんにおうかがいするまでは、縁日や家で市販のシロップをかけて食べるものと思っていたので、氷の削り方から手作りのシロップ、そのデザイン性にまでのこだわりにはとても驚きました。そしてうどんもおいしいという……一瞬でとりこになりました

みなぎ

かき氷に1000円近くのお金をかけて、並んでまで食べる？と行く前までは思ってました

くますけ

遠くてなかなか行けないと思っていたので念願の訪問でした。どれも軽く食べられることと素材のおいしさをシンプルに感じられることのすばらしさに感動したのを覚えています

まいみ

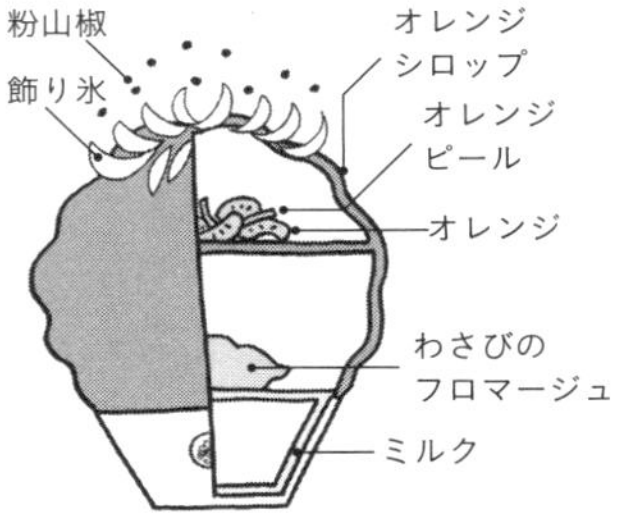

オレンジ系に粉山椒と
ミルクにわさびの
フロマージュ

新しい味は脳内でフワッとわき上がる。レシピは一切残していません

ある晩、厨房《ちゅうぼう》で洗い物をしていたら、鼻の奥からフワッと、甘い香りが浮かび上がってきました。降りてきた、というほうが近いかな。周りを見てみても、閉店後だからどこにも甘い香りのするものは、残っていないし。なんだろう。

香りがしたのは、ずっと考え続けていた、次の新しいメニューのヒントでした。布団に入っても眠れないまま、次の日の早朝、香りを実際のかき氷にしてつくってみる。そして、すぐその日から店頭に出る。

こうやってできたメニューはいくつかあって、最近でいえば〈オレンジ系に粉山椒《こなざんしょう》とミルクにわさびのフロマージュ〉。粉山椒の香りが頭に浮かんで、そこからはすぐにオレンジやわさびが脳内でドッキングし、あっという間に完成しました。

うちの親はかつて小料理店をやっていて、夕飯を自分で作ることもよくありました。中学からは自分で弁当を作って持って行ったし、レパートリーもいつしか増えました。だれに教えてもらうわけでもなく、どの材料をどう合わせたら、どんな味になるのか、いつの間にかわかるようになっていた、という感じです。

それが仕事とつながったのは18年前、自分の店を開き、うどんを作ってお客さんに出すようになったころ。毎朝出汁《だし》をひき、小麦にこだわって一から麺を作る。気温や湿度によって味が変化するから、味覚だけでなく五感すべてがどんどん研ぎ澄まされていく。やがて日々感じることや考えることが次々とわき出て止まらなくなりました。

基本となる出汁や麺ができると、アレンジメニューはわりとすんなり出てくるものです。そうやってできた〈トマトスープうどん〉〈カレーとト

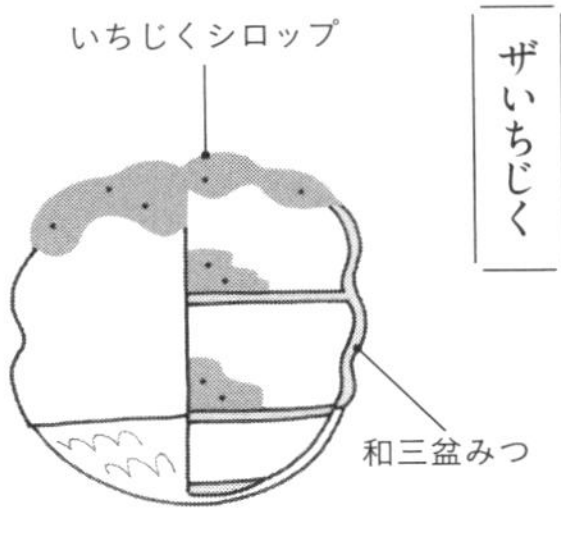

ザいちじく

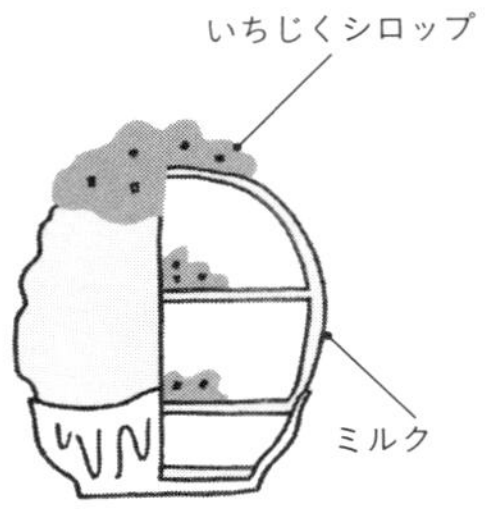

ミルクにいちじく

マトとクリームチーズのうどん〉などは、当時の人気メニューになりました。

うどんを作っていたときも、現在のかき氷も、レシピは一切残していません。頭の中には残っているけれど、それもいつも変化しているので、書き出したとしてもしょせんは過去のもの。考えるべきは、そこから先。過去のものをどう変えて、新しさを出すかのほうが、大事なのです。

頭の中のレシピは、味・香り・風味によって組み立てるので、自分が食べる・食べないとか、好き・嫌いは、ほとんど関係ありません。かき氷のメインメニューのいちごだってふだんは食べないし、秋になると飛びつく人が多いいちじくは、どちらかといえば苦手な果物です。

そんなときは、「いちじく好き」を思い浮かべてメニューを考えます。きっと、いちじくの味が前面に出るような、生でいちじくを食べるのに近いようなレシピが、好まれるだろう。そうして生まれたのが、アレンジを加えすぎず、いちじくの果肉とシロップを氷と味わうシンプルな〈ザいち

いちじくのカプレーゼっぽいやつ!!

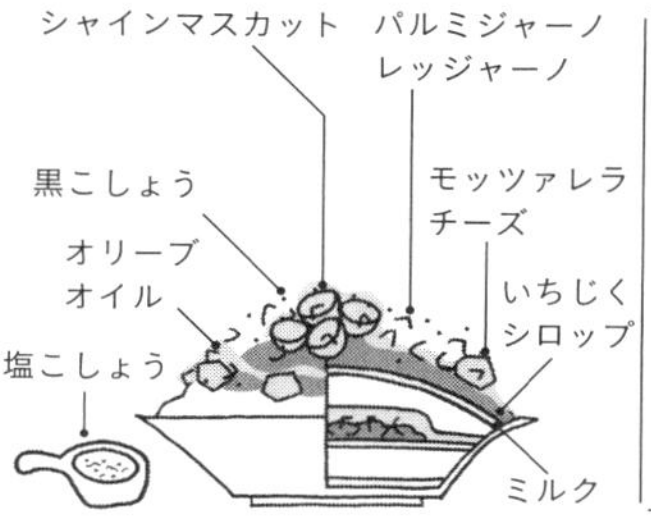

秋三昧

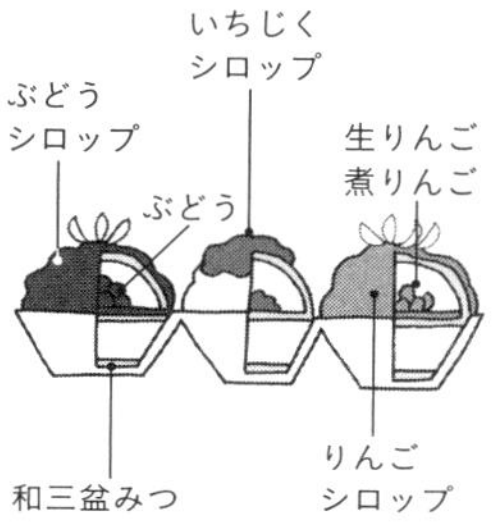

じく〉。それにミルクを加えれば〈ミルクにいちじく〉。

もし自分で食べるなら。途中で飽きそうだから、別の味も加えてみます。それが、昨年誕生した〈いちじくのカプレーゼっぽいやつ!!〉でした。モッツァレラチーズ、パルミジャーノに、酸味はトマトではなくシャインマスカットで。シロップの代わりにはオリーブオイルを。別添えの岩塩とあらびきこしょうは好みでかけて、変化を楽しめば、飽きもきません。〈ザいちじく〉なら、ガラスのかき氷の器がいいけれど、〈いちじくのカプレーゼっぽいやつ!!〉なら、ふりかけた具材と一緒にすくいやすい平皿が相性がいい。イメージした味の再現には、器選びもひとつの要素になります。

なかなか冒険的な一品なので、出始めはメニュー名に〈いちじくのカプレーゼっぽいやつ!!〝自己責任で〟〉とつけておきました。おいしいと感動するもびっくりして引くのも、自己責任で。ちなみに、多くのお客さんが気に入って、人気も安定してくると、このフレーズは外します。ほかにもいちじくを含めて3種類の味が楽しめる〈秋三昧〉も喜ばれました。

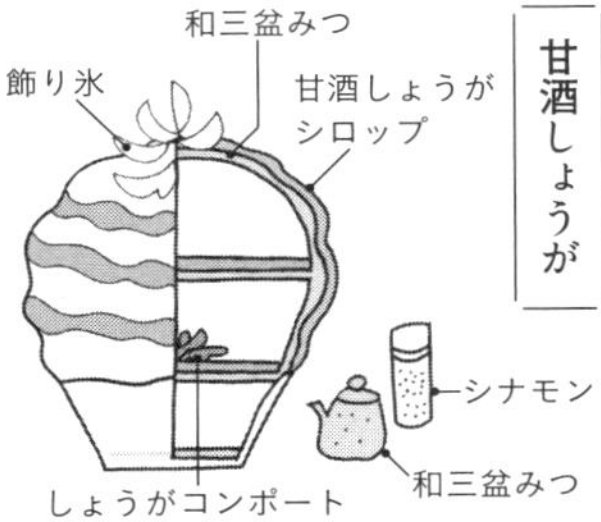

甘酒しょうが

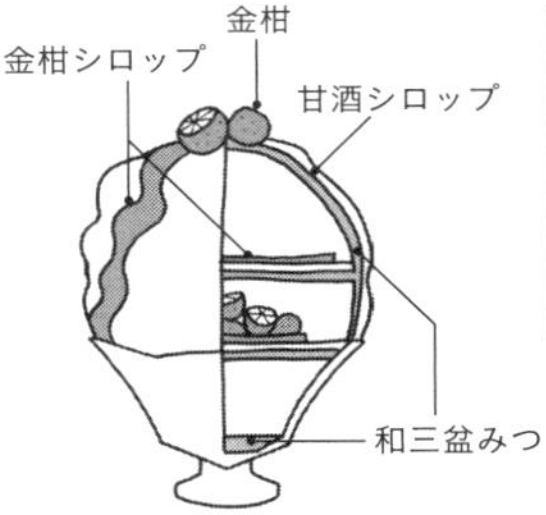

甘酒に金柑少々

また、自分では味わわないけど、メニューとして人気なのには、ウイスキーや日本酒、甘酒や酒粕を使ったものもあります。

お酒はすぐ顔に出てしまうこともあって、もうなん年も飲んでいません。でも、香りは大好き。だから、お酒を使ったメニューのときは、隠し味ではなくお酒の香りが際立つように意識します。

ほかに、〈甘酒しょうが〉〈甘酒に金柑少々〉など、お酒と果物を合わせた冬の定番が多くなりました。いくつかメニューはあるけれど、どれにも〈R20〉〈車×〉とつけていて、未成年と、車での来店は×という意味です。

こんなふうに、かき氷の楽しさはアレンジの楽しさともいえます。ただ難しいのは、頭の中である程度味ができていても、そのときの果物の甘さや味の濃さによって、手の加え方が変わってくること。

多くの果物は、氷と一緒に食べると味が薄まって、物足りなさを感じてしまいます。そこで、砂糖と合わせて果物の味をより引き出す作業が大事になるのです。

特にやっかいなのが夏の素材。メロン、すいか、ぶどうなど、香料を一切入れないで味を強く出すのが、実はとても難しい。甘みの濃い素材を探して仕入れ、熟すのを待っていざ切ってみても、甘さにはバラつきがあるものです。そのときどきの味に合わせて加糖してシロップにし、のせる果実の大きさや量も最適なバランスをさぐります。

そのとき氷の量も重要で、たとえばすいかのように薄味のものは、果実を多めに入れつつも、氷の量はほかのメニューよりも少なくして、飽きる手前で食べ終わるように配慮します。

頭の中にある味に近づけていきつつ、それを最後まで飽きさせない工夫は、感覚を研ぎ澄ませて一品ずつ向き合うほかありません。

仕事の合間に、今日届いた荷物を見たら、注文したフランス料理の本が入っていました。パラパラ見ていると、ソースの使い方からやビジュアルの完成の仕方は、参考になることが多そうです。

と思えば、急に思いついて家に炊飯器を取りに行き、ごはんを炊き始めたり。夕方以降に小腹がすいたお客さん用に、おかゆやリゾット（雑炊）をアレンジして出してみてはどうだろうと、思い立ったので。かき氷も食べることを考えて、1杯のごはんの量は少なめに。

まずは丸ごと煮たトマトを入れたリゾット（雑炊）に、パルミジャーノを削ってこしょうを振って出してみたら、なかなか好評。また来週は違うリゾットになっているかもしれないけれど。

新しいアイデアは、探したからといって見つかるものではありません。視覚や聴覚・味覚に小さなストックを貯めていって、いつかそれが飽和状態になるのを待つしかないのです。

いっぱいになったとき、香りと味がどこからかやってくる。まるで神のお告げみたいに。

それを待てるかどうか、いつも試されているのです。

抹茶

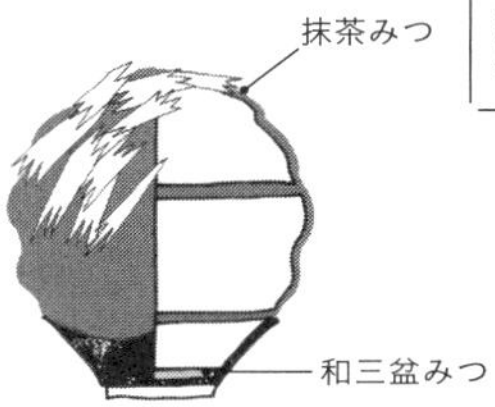

証言

「途切れることなく次々と味を作る人。メニューの完全制覇は…早々にあきらめました」

（かき氷好き・あーる）

やりたいことは曲げない、次から次へと新しいことを考える。斬新《ざんしん》だけど、全部のメニューがちゃんとおいしい。

体調が悪いときでも体を削って仕事をしている姿は、たまに心配になるけれど、見てる僕らが励まされます。2時間かけて毎月通うのは、そんな存在が気になって仕方ないから、なのかもしれません。おいしいかき氷屋さんは全国にたくさんあるのに、定期的に宇田川さんに会わないと、なんだか落ち着かないんです。

最初に食べたのは、〈抹茶〉など3種類ほど。そのころは全部網羅しようと頑張って通ったけど、どんどんメニューが増えて、途中で無理だってわかって、あきらめました。

カラメルウイスキーにラフランス

どのメニューも一期一会なのですが、お酒好きの私としては、〈カラメルウイスキーにラフランス〉に出会えたときはうれしくなる。これ、本当においしいんですが、宇田川さんはそもそもお酒を飲まないから、味見もしてないし、自分では食べないっていう…。きっと、頭の中でピースを組み合わせて味を作ってる。それができる人なんでしょうね。

ほかと競うわけでもなく、スタッフみんなで、途切れることなく新しい氷の味を作る。

きっと、慈げんのライバルは慈げんなんでしょうね。

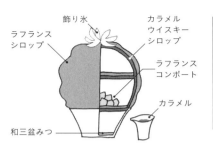

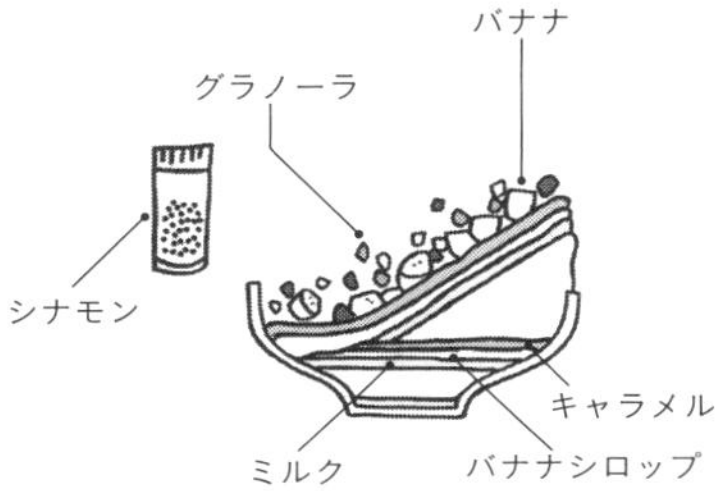

バナナミルクにキャラメルグラノーラ

どんなに面倒でもおいしいほうがいい。手間を省くらいならメニューを減らす

今日はバナナ、出すよ。

朝の開店時にスタッフにこう伝える日は、〈バナナミルクにキャラメルグラノーラ〉がメニューに出る日。

ファンは多いけど、スタッフの手が足りないときはできないし、混雑する週末も出せない、特殊なメニューのひとつです。

まず、市場から仕入れたバナナを店内のバナナハンガーにかけておき、熟すのを待つ。シュガースポット（斑点）が出てきたら、開店時間直前に冷蔵庫に。1杯オーダーが入るごとに、冷蔵庫から1本出してきざみ、ミルクと一緒にブレンダーにかけてバナナミルクのシロップを作ります。バ

キャラメルミルクに焼きパイン

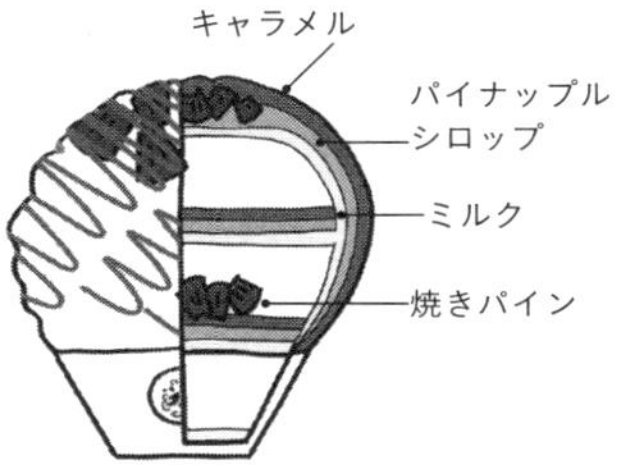

ナナは時間がたつと変色してしまうので、事前に仕込むことができないのです。

作ったバナナミルクをかき氷にかけて、キャラメルソースと刻んだバナナをトッピング。ちなみに、バナナミルクを氷にかけるときは一度にやらず、氷・バナナミルク・氷・バナナミルク…という繰り返しで層をつくること2回。

いちごなどほかの果物シロップのときも、同様に氷とシロップの層をいくつも作ります。上のほうだけでなく、食べ進める途中も最後も、どこのひとさじもちゃんとおいしくあって欲しいから。1杯の中でどこにも味のムラがなく、どこを食べてもおいしいのが理想です。

バナナがメニューに出た日は、朝から立て続けに注文が入るので、スタッフひとりが、バナナ専任になってしまうほど。バナナ好きのお客さんは多く、メニューに見つけたときのうれしそうな顔に、こっちもますます手を抜けなくなります。

ファンが多いもうひとつのメニューに、〈キャラメルミルクに焼きパイ

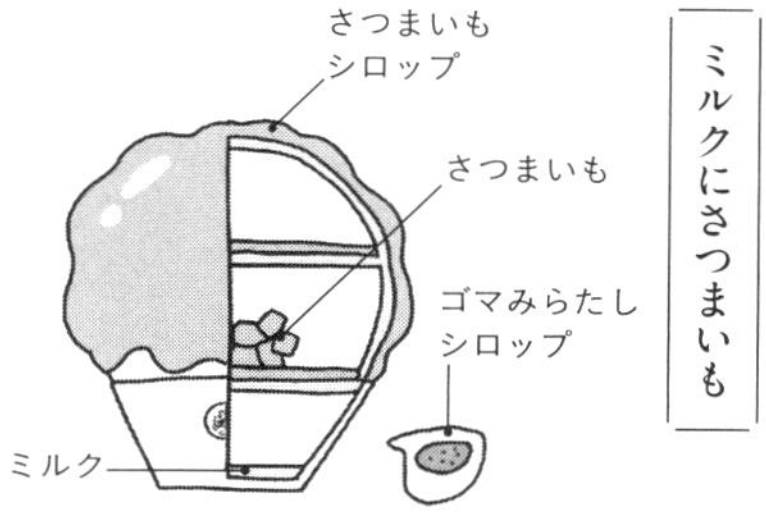

ン〉があります。パイナップルをフライパンで焼いて水分を飛ばしてコクを出し、それを氷の上にのせたもの。合わせるキャラメルソースの濃厚さに負けないようにと思いついたものですが、フライパンから目を離したら、すぐにパイナップルが焦げてしまうという厄介物。手を抜けないし目も離せません。

ずっとつきっきりで仕込むものは、ほかにもあります。〈ミルクにさつまいも〉にかけるさつまいもシロップは、事前の準備だけで2〜3時間。いもを蒸して皮を取り、棒でつぶし、ミルクで伸ばしながらミキサーにかけます。なん度も味見を繰り返しながら、少量ずつ甘さを足していき…。甘くしすぎたら、あと戻りはできないから、ここは慎重になるところです。

このシロップ作りは、次男で厨房を手伝っている慧士《けいと》の仕事です。何年も食べ続けているお客さんの中には、そのときの素材の甘さとクリームの比率、混ざり具合の違いを微妙に察知するらしいのです。

「今日は、今年ベストのさつまいもだったよ」

とお客さんに言ってもらえたら、最高の褒め言葉。その黄金比率はいつ

抹茶

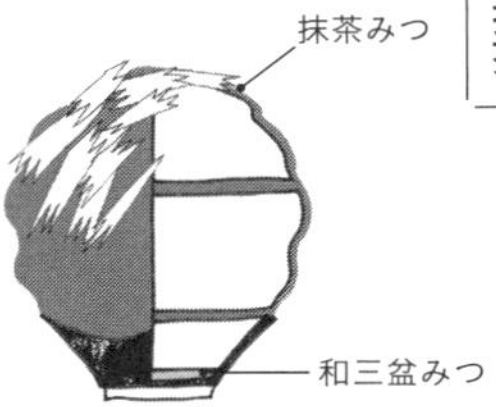

も感覚でさぐっていくしかありません。

さつまいもシロップは事前に仕込むことができますが、じゃがいもシロップとなると、当日の朝にしか準備ができません。バナナと同様、ペースト状にして時間がたつと、変色してしまうから。そのくせ、プロセスは多くて時間もかかる。でも、しばらくメニューに出てないと、今か今かと待ち望むお客さんの顔が浮かんでくる。

そろそろ、じゃがいも仕込むか。

そう伝えた翌朝、慧士の仕込み開始時間は夜明け前になります。

〈抹茶〉もいつも当日朝の仕込み。茶道と同様に茶せんを使って点《た》てた抹茶を、氷水の上で冷やしてから使います。かつて習った茶道の先生は、「お前たちのような初心者に飲ませるには、もったいない」と言いながらも、いつも手間を惜しまず上質なお茶を点ててくれたものでした。

その味が記憶に残っているから、濃くても苦味が少ない味を求めるのだと思います。

なん種類かの抹茶を試して、かき氷と合わせてみた結果、静岡産の「朝《あさ》比奈《ひな》」という品種に落ち着きました。味が強すぎず、かといって弱くもなく、苦味もちょうどいい。そして、年間通して安定した味が手に入る。この抹茶を濃いめに点て、和三盆で作ったシロップを2割ほど足すと、抹茶みつの出来上がり。

抹茶だけでなく、すべてのみつとシロップが手作りです。いちごのようにミキサーで作れるものもあるし、キウイのようにつぶしながらざるでこすほうが歯ごたえが残っていいものもあります。グレープフルーツはひとつずつ手搾りして、ふきんでろ過します。

のせる果物を刻むときも、手間のかかることだらけ。果物は味の濃いものを使いたいので、最近主流のタネなしではなく、タネ入りのものがどうしても多くなります。タネを取り除くのは面倒な作業ですが、省くわけにはいきません。メロンや柿ならまだしも、すいかのタネ取りなんて本当に細かい作業です。

おかげで、睡眠時間はいつも細切れになりました。

キャラメルミルクナッツ パルミジャーノレッジャーノ

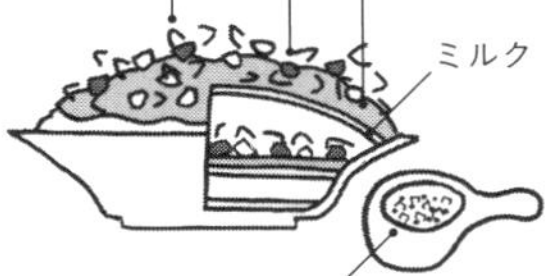

香りと歯ごたえのための、大事なひと手間もあります。〈キャラメルミルクナッツ　パルミジャーノレッジャーノ〉は、氷の上にアーモンド・カシューナッツ・くるみをのせたもので、香ばしい香りを出すために、アーモンドだけは事前にローストし直します。そしてアーモンドはハンマーで砕き、カシューナッツとくるみは、指先で小さくして。最後にかけるパルミジャーノは、ブロックのチーズを用意しておき、ひと皿ごとに削ってかけます。

〈ザりんご〉〈りんごのパルミジャーノレッジャーノ〉など、りんごを使ったメニューでは、りんごの歯ごたえを感じられるよう、甘く煮た柔らかいものと、生のりんごを混ぜます。異なる食感と味わいは、1杯のかき氷の中で深みをもたらしてくれるし、最後まで飽きずに食べられます。

正直いえば、手抜きしたいと思うことは、毎日のようにあります。少ない工程で自分のイメージするものができるなら、どんなにいいかと

ざりんご

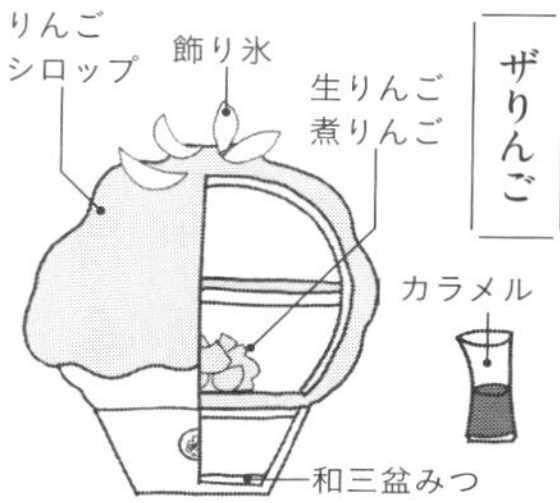

りんごの
パルミジャーノ
レッジャーノ

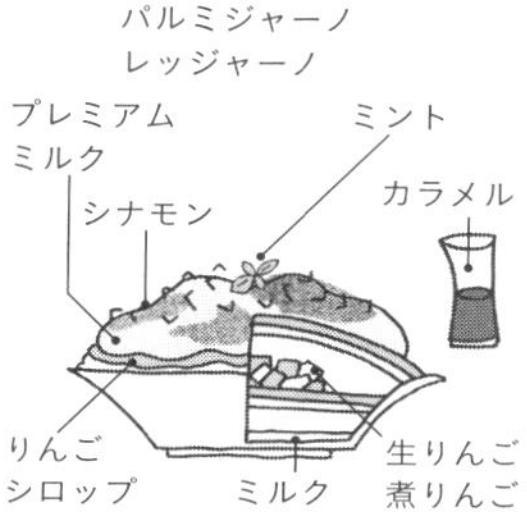

も、思ったりします。こんなに手間をかけず、事前にたくさん作り置きできる方法もあるのかもしれません。でも、それをやっていったら、きっと角が取れて、どこにでもある味になってしまうでしょう。

それなら、工程を省くのではなく品数を減らし、1品ずつのクオリティーは落とさないようにする。作るスタッフの数が少ないとき、店内が混雑しているときは、そうやってメニュー数で調整をしていきます。

また、いろいろ試してみた結果、味に差が出ないとわかったものは、業務用のものを使うこともあります。たとえばあずきや練乳など、仕込んでいたこともあるけれど、大量に使うこともあって、手作りをあきらめました。

さて、このあたりで店名「慈げん」の由来を明かすと、実はみんなが知ってる名前なら、なんでもよかったのです。ジェームズ・ボンドの凡士《ボンド》でも、はたまたルパンでも、五ェ門《ごえもん》だって。その中から、なんとなく選んだのがルパンの相棒の「次元《じげん》」。でも、漢字選びにはこだわりました。

正式な店名の表記は「慈玄」。慈しみをもって、奥の深いものを作ろうという意思表明です。玄関の「玄」の字を当てたのは、「奥深さ」の意味をもっている字だから。ただ、現在の店名はひらがなにして「慈げん」。本当に奥深いものが作れるようになって、だれもがそれを認めるくらいになったとき、漢字に変えるつもりです。

その日のためにも、絶対に手は抜けません。

証言

「頑張る人を応援してくれる。でもいい加減なことをしたら、すぐ見破られてしまいます」

（雪くまのれん会3代目会長・「茶の西田園」店主・小林伸光《こばやしのぶあき》）

自分の商売のことだけじゃなく、周りにいる一生懸命な人を応援する。それが宇田川さんです。

一度は抜けた熊谷の町おこしかき氷「雪くま」を、もう一度盛り上げたいと私が相談したら、今年（２０１９年）は顧問として引き受けてくれました。最初は「考えておくよ」とだけ言って、多くは聞いてこないし、語らない。でも、最後には受けてくれるんです。

それ以外にも、地元・熊谷で商売を始めた人、地域のために頑張っている人を応援してくれて、縁をつないでくれる。慈げんの氷や、はし休めに出していたお団子やそのほか食材など、地元のものを使って、さりげなく応援していることはたくさんあります。

うち西田園からは、慈げんの店内に置いていているほうじ茶、かき氷に使う抹

抹茶

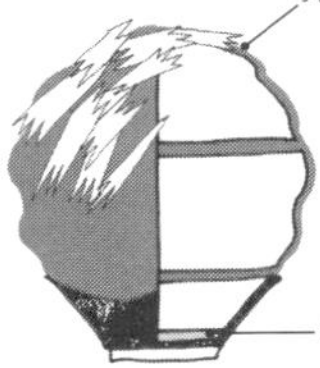

茶を、3年前から納品してます。最初は、埼玉県産も含めてなん種類か抹茶のサンプルを持っていき、比較してもらいました。宇田川さんが選んだのは、埼玉県産ではなく、「朝比奈」という静岡産のものでした。味に深みと安定感があると評価して、そういうところは厳しく公平に見る方です。だからこそ、いい加減なことをしたら、すぐ見破られてしまう。私のほうも気が引き締まります。

こうしてできた慈げんの〈抹茶〉のかき氷は、丸くて美しくて、シロップがたっぷりかかっているけど崩れなくて。最後まできれいで最後までおいしい。

うちの店もお茶屋として抹茶のかき氷を出しているけれど、とうていかなうものではありません。一生、追いつけないんだと思います。そして、そんな存在がすぐ近くにいるのは、すごく素敵なことです。

ベリーベリーレアチーズ

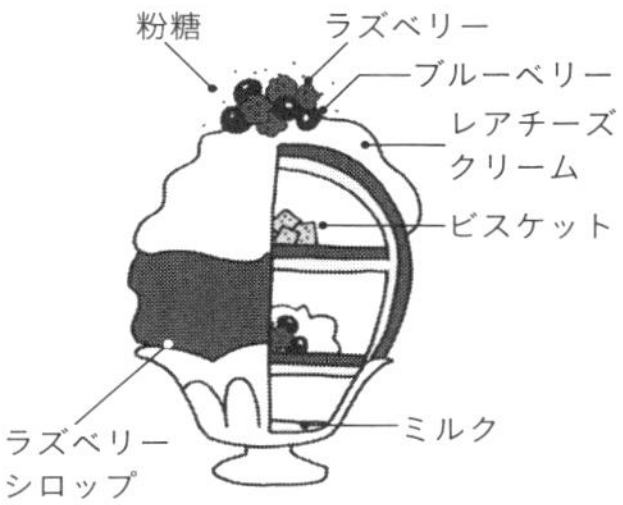

証言

「やんちゃだった彼が、こんなに美しいかき氷を作るなんて！ 慈げんは幸せを実感させてくれる」

（ＮＰＯ法人くまがやピンクリボンの会代表・栗原《くりばら》和江《かずえ》）

宇田川君と私は、中学のときの同級生です。当時は1学年9クラスあって人数も多くて、一度も同じクラスになったことがないのに、それでも彼の存在は知っていました。やんちゃで活発で、目立つ子でしたからね。

私が主宰する乳がん検診の啓発活動「くまがやピンクリボンの会」を支援するハートのケーキ型かき氷を始めたのは、もう10年前。「ピンクリボン支援かき氷」として期間限定で販売し、売り上げの一部が寄付されるというものです。

形は年によって少しずつ違いますが、ラズベリーソースとレアチーズのクリームがかかった〈ベリーベリーレアチーズ〉は、ビジュアルからして女性がうれしくなるかき氷。チーズケーキを食べているようななめらかさです。こんなにも美しくておいしいかき氷を作るなんて、昔の彼からは想像できなかったけれど(笑)、もともと職人気質《かたぎ》で心意気のある人だったことを思えば、納得です。

さらに、ピンクリボン運動の期間が終わっても、レジの横に募金箱を置いて、活動を支援してくれて。いつでも仲間や熊谷を思う気概にあふれている。そして、それを10年続けている宇田川君の気持ちがうれしくて、私も頑張れている気がします。

彼の体調が悪いときもあって心配したけれど、いつでも体が資本で健康がいちばん。おいしいものが食べられるのは健康と幸せの証《あかし》。慈げんでかき氷を食べると、そんな幸せを実感します。

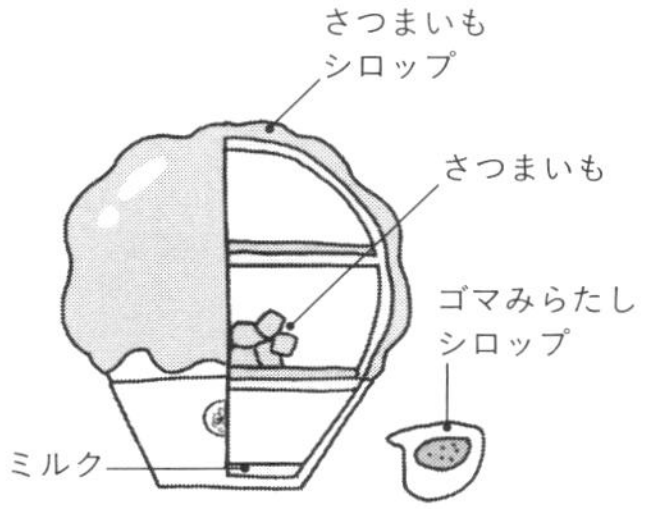

証言

「さつまいものかき氷には、涙が出ました。どれだけの手間がかかっているんだろうって」

（かき氷店「ほうせき箱」店主・岡田桂子《おかだけいこ》）

私が奈良の「ほうせき箱」でかき氷を削り始めて間もないころ、宇田川さんが来店したときは、尊敬する先輩に緊張してしまって、ちょっと覚えていません（笑）。ただ、私がかき氷機で削る様子を見てすぐ「刃を替えたほうがいい」ってアドバイスしてくださって。職人気質で一見気難しそうだけど、本当はとっても面倒見のいい優しい人なんです。

そして、実はお酒が飲めないとか、かわいい帽子をかぶってるところとか、おちゃめなところもある。それが、人をひきつける理由なのだとわかりました。

私が慈げんを訪問したのはそのあと。いくつか食べましたが、とにかく強烈だったのが、〈ミルクにさつまいも〉の味わい深さ。シンプルだけど、シロップがとろりとなめらかに仕上がっていて、いったいどれだけの手間がかかっているんだろう。この1杯に、どれだけこだわりが詰まっているんだろう。いろんなことを考えてるうちに、涙が出てました。

それからは、関西から慈げんに行く人たちみんなに、〈ミルクにさつまいも〉をすすめてます。みんなの感想は決まって「すごかった!」。

いつでもクオリティーを保ちつつ、あれだけ多くのメニューを常に出す姿勢は、私にとって目指すお店。あこがれの存在です。

常連100人アンケート

Q 自分が好きなかき氷ベスト10

順位	メニュー名	票数
1	キャラメルミルクに焼きパイン	18
1	プレミアムミルクに生いちご	18
3	ザすいか	10
4	キャラメルミルクナッツ パルミジャーノレッジャーノ	7
5	ザ生いちご	6
5	桜	6
5	じゃがいもコーン	6
5	ミルクにいちじく	6
5	ベリーベリーチョコっとキャラメル	6
10	いも くり かぼちゃ	4
10	「ザ」シリーズ	4
10	プディング	4
10	ミルクに金柑	4

（複数回答）

じゃがいもコーン
じゃがいもが想像を絶するほどおいしくて驚くと思います！
xxxyoshino

プレミアムミルクに生いちご
鉄板のおいしさ
ホウジ

Q 人にすすめたいかき氷ベスト10

順位	メニュー名	票数
1	プレミアムミルクに生いちご	32
2	キャラメルミルクナッツ パルミジャーノレッジャーノ	20
3	じゃがいもコーン	13
3	ミルクココアにきなこクリーム	13
3	「ザ」シリーズ	13
6	プディング	10
7	キャラメルミルクに焼きパイン	9
7	ミルクココア	9
9	クリスマス氷	5
10	いちご系	4
10	ザすいか	4
10	バナナ系	4
10	黒みつきなこクリーム	4

（複数回答）

慈げんザ

「慈げんザ ミルク」が一度にいろいろ試せておすすめかもと思います。慈げんの「氷」そのもののおいしさも堪能できるからです

kyo

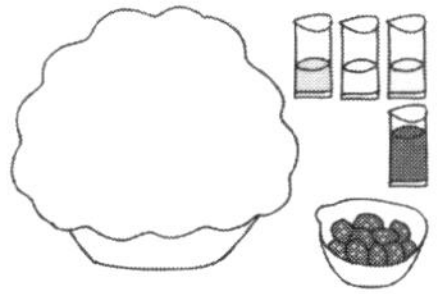

第2章

どうして慈げんでは なん杯もおかわりするの？

常連さんの証言

1杯じゃ足らなくなる時が来る

YOKOO!

最初は、他のお客さまが複数杯食べているのを見て驚いていましたが、今、自分もそうなってしまいました。仕事前に1杯だけ食べに行った事がありますが、物足りなく感じてしまいました

オリビアねこ

おかわりしないともったいない。帰宅途中で後悔する

ワイブル

慈げんを知るまでは、かき氷を複数杯食べるとは思っていませんでした。でも慈げんのはペロッといけるし、その日で変わる〝只今のかき氷〟の存在を知っちゃうと食べなければという本能にかられる

てきょん

ほかのかき氷やさんでは2杯は食べられません。やはり何か違うんだと思います

水族館スタッフ

いつも食べたいメニューがたくさんで選びきれません！

ステ子

キーンとしない食べやすさの秘密は、氷の温度とかき氷の大きさ

かき氷を食べたときによくある「キーン」と頭にくる感じ、あれがイヤだという人は多いものです。自分も頭痛持ちなので、もう罰ゲームかって思います。あれは、氷の温度が低すぎるせいなのです。

氷を仕入れ、冷凍庫に入っているときの氷の温度は、マイナス20℃。それをそのまま使わず、前の晩に厨房奥にあるマイナス6℃のチルド冷蔵庫に移動させます。

そこでひと晩寝かせた氷は、マイナス3〜4℃に上昇。この時間を短縮しようと常温で氷を戻すと、氷のかたまりの中心部と外側とで温度差にムラが出てしまう。だからひと晩かけて全体の温度を安定させるのです。

開店と同時に、寝かせた氷を取り出して、さっと水で表面を洗います。これは、表面のホコリや汚れを洗い流すため。寝かせないで冷凍庫から出した冷えきった真っ白な氷をいきなり洗ったら、氷は割れてしまいます。そして、キーンと頭にきてしまうのです。

氷を削るときは、氷の間に空気の層をつくるように、ふわっとさせて、固めすぎないようにするのがコツ。空気の層があると、抵抗なくスプーンが入るし、崩れません。食べながら崩れてくる氷は、絶対に許せないのです。

基本の訓練の一貫として、なん回もなん回も削りながら1杯ずつの氷の重さを量るのも、うちの特徴かもしれません。無理しないで食べ切ることができて、最後まで味に飽きがこないためには、少なめに感じるくらいがちょうどいい。氷の目安は1杯180グラム。同じメニューでも、冬は量をさらに少し減らして、シロップの味は濃いめに調整します。

氷が少なめなのにはもうひとつ理由があって、削る時間を短くしたいから。慈げんのかき氷は、氷の間にシロップが3層かそれ以上入っていて、その上にさらにトッピングがのります。作る工程が多いし、どうしても時間がかかってしまいます。

ふわっとした状態を保ち、溶かさないためには、削りにかける時間は短いほうがいい。そして、削りから仕上げ、お客さまに出すまで、ひとりのスタッフが連続で作業する。それがいちばんムダがありません。

それでも、1杯目を提供するのに15分くらいはお待たせしてしまうのですが。

その氷の源はというと、熊谷の地下水をろ過してできた水で、それを48時間以上かけて凍らせたものを、仕入れています。軟水に近い中硬水で、結晶が大きくて溶けにくく、また凍り方にムラもありません。

熊谷は川の面積が大きく地層も複雑なため、地下で自然にろ過された地下水は、そもそもおいしいと言われてきました。その地下水を使った熊谷の水道水は、水がおいしい都市のランキングでは上位だったこともあるくらいです。

おいしい氷を味わって、シロップを楽しんで。もちろんなん杯食べても、キーンとならないから、大丈夫。それどころか、食べるごとに、みんな元気になっていくようです。

なんだろう。不思議ですね。こっちがその秘密を知りたいくらいです。

黒みつきなこクリーム

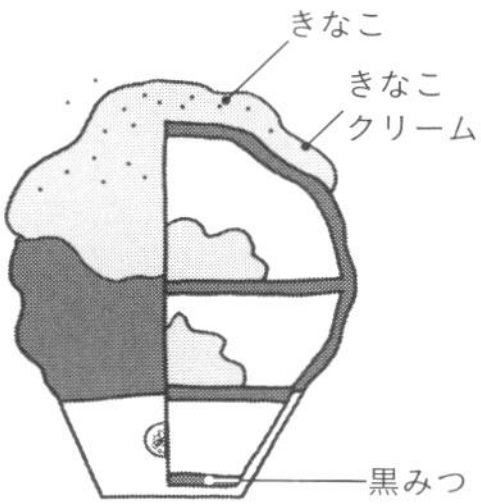

証言

「口に入れたとたん、わっ、氷がおいしい！
するっと入って、すっと溶けちゃう」

（かき氷好き・エディ）

私、慈げんのかき氷だけは、するするとのどに入っていくんです。4杯でも、5杯でも。最高記録は10杯です。

マスターからは食べるのが早いって言われますけど、すっと溶けちゃうから、ついつい…。それくらい大好きなんです。

氷そのものがおいしいし、いつ来ても何を食べても味にムラがない。そして味の組み合わせが面白い。〈黒みつきなこクリーム〉は私の定番で、それから、金柑やゆずなど季節の素材を使ったものを頼みます。

ここに来る日は、早朝から「よし、食べるぞ」って意気込んで、片道3時間かけて着いて、そして、マスターとママさんに会って。食べ終わったらまた3時間かけて帰る。次はいつ来ようかなって考えながら。

ふふふ、それが私の幸せな時間です。

証言

「慈げんさんに出会わなければここまでかき氷にハマらなかったと思います」

（かき氷好き・なかとも）

住んでいる関西圏のかき氷店にひと通り行ったあと、人から慈げんのうわさを聞いて、熊谷に向かいました。

期待と緊張で胸をふくらませながらお店のドアを開けました。それが7年前で、すでに15種類以上はあったと思います。絞りきれなくて、これもあれもと食べているうちに気がついたら9杯食べてました。こんなに1日で食べたことなかったので、杯数に自分でも驚いたなぁ〜。

中でも特に印象に残っているのは、シンプルに氷のよさが伝わってきた〈抹茶あずき〉〈和三盆レモン〉と斬新な〈キャラメルチーズ焼きパイン（今のキャラメルミルクに焼パイン）〉。キャラメルとチーズはなんとなくおいしいだろうなと思っていましたが、そもそもかき氷にキャラメルとチーズ⁉

キャラメルミルクに焼きパイン

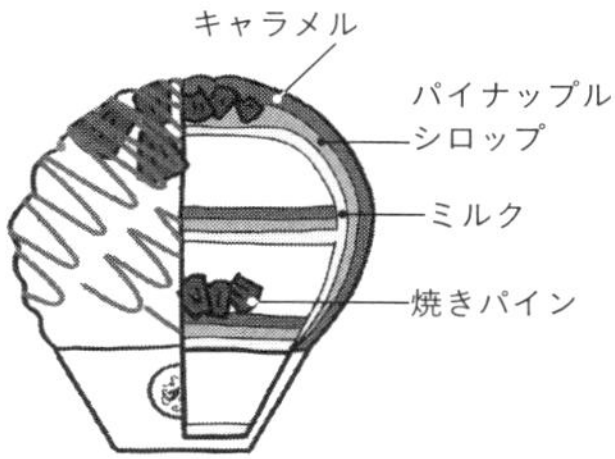

そこにあぶったパイナップル!? 全然想像がつかなくて、食べたときの衝撃は忘れられません。思わず宇田川さんに「めっちゃおいしい！」と大きな声で言ってましたね。もちろんおかわりはマストでした！

それからは多いときは2か月に1度は通うほどの慈げん好きに。いつだったか、13杯食べたこともありました。食べたいものを夢中で食べているうちにいつの間にかという感じです。たくさんの魅力的なかき氷がある慈げんさんだからこそ出せた記録だと思います。

以前はスマホのカメラでしたが、いろんなかき氷にもっともっと出会うぞという決意をこめてカメラを買い、今はそれを持ち歩いてます。

宇田川さんにはかき氷を通じてたくさんのことを教えていただきました。私にとって宇田川さんは大切な方です。

Q 慈げんでおかわりする楽しさを知った

おかわりもだけれど、同じりんごやぶどうでも、時期が少しズレれば品種が変わってたりしてリピートする楽しみも知った

☆ cat-can ☆

慈げんで、「かき氷ってひとり1杯食べるんじゃない」ということを覚えました

金ちゃん

ほかのお店では食べられない杯数なのに慈げんさんでは頼めてしまう。胃への負担が軽く食べやすいからだと思ってます。それに、大きさもちょうどいい

まいみ

制限がなければ（お腹とか予算とか…）もっと食べたいです

muku_soap005

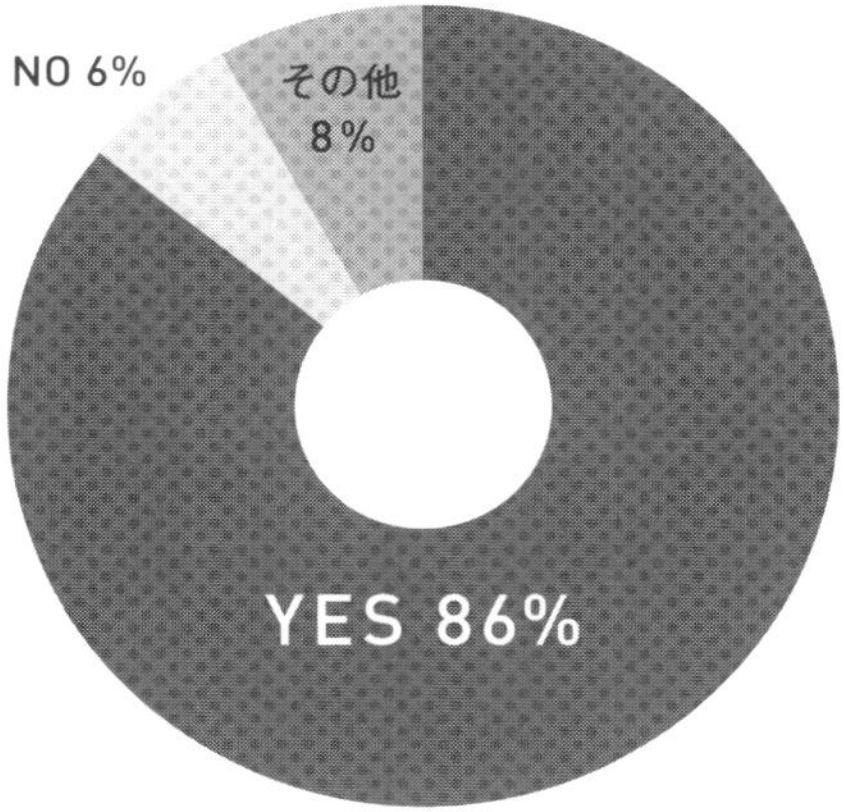

おかわりというか、慈げんさんは追加注文禁止なのでおかわりというとちょっと意味が違う気がします。慈げんさんに通う前からかき氷が好きでほかのお店に行っていて、複数杯食べていたので、慈げんさんでとは限りません

PANDA

4杯食べますが順番や組み合わせを考えるのが楽しいです。のどが渇いているところにグレープフルーツを流し込み、こってりクリーム系にうっとりして旬のフルーツを堪能《たんのう》、最後はエスプレッソの苦味でシメ、という風に

ウララ

「映え」より大事なのは「食べやすさ」。最初から最後まで、味わってほしいから

「映える」って、なんなんでしょうね。

2017年から慈げんもインスタを始めましたが、空席の連絡やメニューのお知らせごとばかりで、残念ながら「映える」写真は載せていません。こっちから「いいね」をするのも、よほど好みのビジュアルに出会ったとき、手間がかかったかき氷だと感心したときくらいです。

一般に映えるかき氷というのは、驚くような大きさとか、あふれるシロップとか、そういうことなのかな。でも、それが食べながら崩れちゃったり、そもそも食べにくかったりしたら、かき氷としてはダメだと思います。

食べやすさを考えて、少しずつ形を変えて、慈げんのかき氷は現在の球

体のものが多くなりました。最初から最後まで崩れることなく食べられて、受け皿やテーブルを汚すことも少ない形です。

作るときは、氷を削りながら軽く手で押さえて丸く形を整えます。中のふんわり感は残して、外側だけをそっと、優しく。

そして崩れないために肝心なのは、氷に抵抗なく入っていく薄めのスプーン。これは、一般社団法人日本かき氷協会に頼んで作ってもらったもの。人によってひとさじ目を入れる場所は違っても、形を崩壊させるのは見たことがありません。

崩れないためには、上にのせる果物の大きさも大事です。

たとえば、いちごを使った定番のかき氷。氷の上に丸ごといちごがのったのを見るとうれしい気もするけど、食べるときに悩まされることも多いもの。最初にいちごを手でつまんで食べてしまったら、楽しみは終わってしまうし、最後に食べたいなら脇に置いておかなきゃいけない。指先は汚れるし、フォークで刺そうものなら下の氷が崩れる…。

慈げんのいちごのかき氷は、1センチ角に刻んだものを氷の間といちば

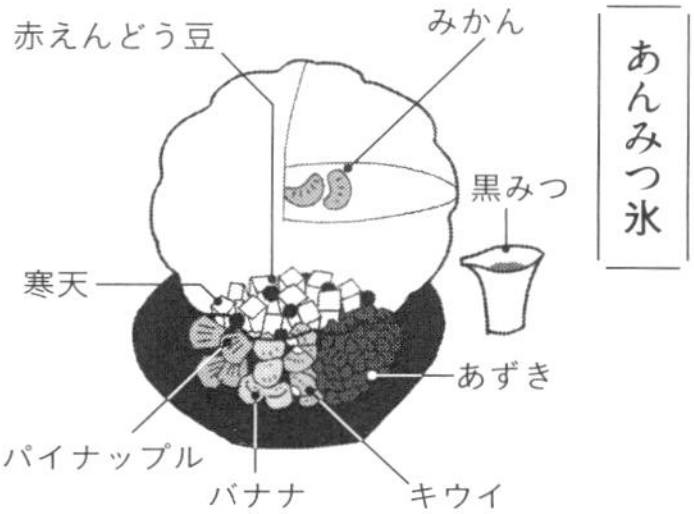

ん上とに置いています。氷といちごが一緒にスプーンですくえて、口に運ぶときも落ちないし、どこも汚れません。口の中で消える早さも、氷といちごに時間差ができないように配慮した結果です。

秋に人気の柿を使ったメニューも、同じ。これがもし「映え」狙いで大きく切った柿をのせていたら…。堅い柿はかむのに時間がかかるので、その間に氷が溶けてしまうでしょう。ダラっとなったかき氷の姿は、見られたものではありません。

スプーンにのらないサイズは入れないし、氷と一緒に食べ進められないものは、入れない、のせない。アーモンドひとつだって、氷と同じスピードでかめないなら、事前に小さく砕いておく。それが、食べやすさには大事なのだと思います。

いちばん球体に近いのが〈あんみつ氷〉。皿の上にフルーツや寒天を置き、その上に球体の氷がのっかったもの。氷の中に寒天を入れると氷が早く溶けてしまうことがわかったので、それを避けつつ、氷とお皿の接触面を減らして、溶けにくくしました。氷の真ん中にみかんが入っていて、黒みつ

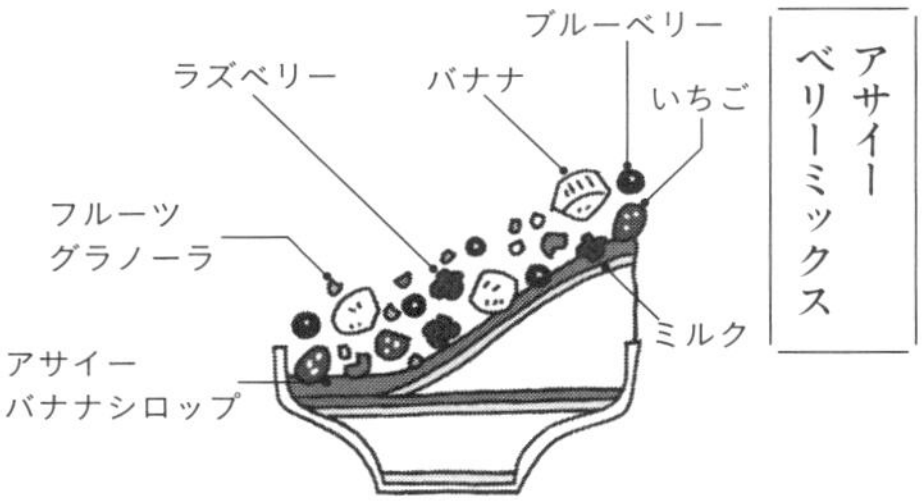

は別添えで。結果としてずいぶん写真映えする一品になったけど、もちろん最初の狙いはそこじゃありません。

食べやすさと溶ける速度を考えた結果、球体ではないものもあります。〈アサイーベリーミックス〉は、アサイーとバナナのシロップに粘り気と重さがあるから、山の斜面のような形にして、重力が一点にかからないようにしました。途中で崩れることもないし、もちろん最後の最後まで味が楽しめる一品です。

なん杯もオーダーするお客さんが多いという点では、食べやすさと同じくらい、甘さの加減が大事です。

桜を使ったメニューは、白砂糖だとコクが出すぎるので、氷砂糖を使います。抹茶やすいかは和三盆を混ぜてすっきりした甘さになるように調整を。すでに紹介した金柑をはじめ柑橘《かんきつ》類にも、和三盆を使うと苦味が抑えられます。

多くのメニューに入っているミルクは、練乳や砂糖を使って加糖します

ミルクココア

が、それも控えめに。りんごや桃、さつまいもやじゃがいもなど、具材に砂糖を合わせるとき、また果物のシロップをつくるときは、具材の味が引き出される境界線を見極めながら、少しずつ足していくこと。

その日の果物や野菜の味がいつもと違っても、いつもと同じシロップが出来上がらなければ、すべてやり直し。いつでも100点を目指すのが、うちのやり方です。

球体全体にココアをまぶした〈ミルクココア〉は、氷が見えないくらいぴっちりとココアをふりかけるのがコツですが、これも見た目ほど甘くなくて、見た目ほど食べにくくありません。

ただし、初めてのお客さんには、ちょっとだけ注意をうながします。

「ココアの吸い込みには、ご注意ください」

証言

「心に映えるかき氷」

（かき氷店「Niccori~na《ニッコリ～ナ》」店主）

インスタ映えと言われる時代。「インスタ映えするから行く」ではなく、〝それ〟を素直に心が求めるから行く。そしてその感動をだれかに伝えたくてどうしようもなくなる。そんな、自分の心に「映える」かき氷を提供してくださるのが慈げんだと思います。

私が語るには本当に恐れ多いのですが、宇田川さんの作るかき氷は、素材の良さを一切消さず、かと言って物足りないと思わせない絶妙な甘さで構成されていると思います。お客さまの胃袋の心配までをも感じ取れる構成で、繊細さの中に力強さもあり、信用できる味というか。

奥さまの存在もとても大きくて、毎日書かれるメニューの文字は、ただ個性があるだけでなく、「おいしい文字」なんです。食べる前から、もうおい

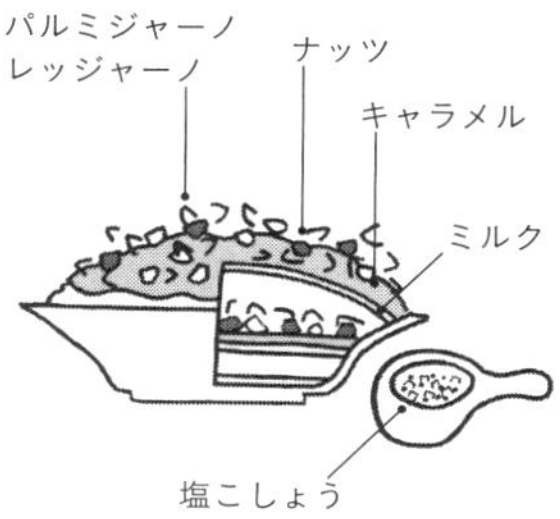

キャラメルミルクナッツ
パルミジャーノ
レッジャーノ

しいを味わっていて、そこにあのスーパーおいしい氷がやってくる。そして最後に、宇田川さんと奥さまのかわいらしい笑顔で、「また来てね！」をいただく。おもてなし全て含めて、虜《とりこ》です。

好きなメニューは〈キャラメルミルクナッツ パルミジャーノレッジャーノ〉。絶妙な甘さの〈すもも〉。〈抹茶あずき〉〈ミルク〉、ほんとは、全部！と言いたい。「もう1杯、もう1回！」と、必ず思わせてくださる慈げんワールドは、とんでもない努力と闘いをされているのだと思います。

慈げんさんのかき氷を食べてるときは、どこがどうなってるんだろう…なんて考える余裕もないくらい毎回、「おいしい」で終わっちゃうんです。

慈げんさんから受けた感動を、私も私のスタイルとしてお客さまに発信し、だれかの心に残るかき氷をご提供していきたいなと、強く思っています。

Q その日食べるメニューを選ぶ理由

ついレア度の高いバナナや季節限定モノを選んでしまいますが、定番メニューの抹茶やエスプレッソがすごく好きです。苦くてスキッとしてシメめに最高

ウララ

いつも選べなくて困ってます

タロウ

じゃがいもコーンと会えた時は絶対に食べます

YOKOO!

お腹が無限なら全部食べたい♥

ぶーねこ

旬の果物

ワイブル

お腹と相談しながらもお腹が許す限り食べたいです。レミヨやきなこクリーム、スープなどもっと注目するトッピングなど色々あります！カスタマイズも！

sai

慈げんさんのきなこクリームが好きなので、合いそうな物に追加したりします

PANDA

苦手な食材でも慈げんマジックでおいしーのが沢山ある！　でも酸味の強いのは苦手だから、それは注文前にどのくらい酸っぱいのかをうかがって決める

まっしろ

一度いただいて感激し、また食べたい次への期待が膨らむなかで二度目に伺って、その期待に応えうる味わいがあります。そこが皆さまに愛される理由かと。味や見た目を保つ苦労を見せず、追求を惜しまないところが職人技なんだろうなと思います

r

慈げんさんのてっぺんの飾り氷が美しくて好きなので、意識して注文しています

ちくわぶ

自身がもつアレルギーとの調整

Lovebird

写真映え

かき氷おじさん

フルーツをそのまま食べるより絶対においしくなっている「慈げんマジック」

kyo

自己責任氷は出会えたら必ず選ぶ

enna

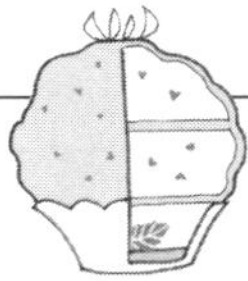

◎桜

材料

〈桜シロップ〉
水…100㎖
氷砂糖…36g
桜の塩漬け…２g

桜の葉の塩漬け…１枚

〈和三盆みつ〉
水…５㎖
和三盆…４g

氷…180g

POINT！

慈げんでは和三盆は香川県の三谷製糖のものを使用しています

作り方

1 桜の塩漬けを１枚１枚ほぐし、がくと雄しべ雌しべを取る。花びらだけを開きながら残す。

2 １を、水でひと流しして塩気を抜く。

3 鍋に水と氷砂糖を入れ、沸騰しないよう超弱火で氷砂糖を溶かす。

4 氷砂糖が溶けたら、２の桜の花びらを入れ中火にする。沸騰したらすぐに火を止めて冷やす。

5 和三盆を水に溶かし、和三盆みつを作る。

6 皿の底に桜の葉と和三盆みつを入れ、氷を⅓程度削る。桜シロップをかけ、⅔程度まで削り、桜シロップをかける。また氷を削り、最後に全体に桜シロップをかけ、飾り氷をのせる。

◎バナナミルクグラノーラ

材料

〈ミルク〉
練乳…20㎖
牛乳…50㎖
生クリーム…30㎖

〈バナナシロップ〉
ミルク…50㎖
超追熟バナナ…⅔本

グラノーラ…適量
超追熟バナナ…⅓本
氷…180g

作り方

1 練乳と牛乳と生クリームを混ぜてミルクを作る。

2 バナナ⅔本をつぶしながら、ミルクと混ぜてバナナシロップを作る。

3 皿の底にミルクを少し入れる。氷を削り半分くらいのところでミルク→バナナシロップをかける。残りの氷はなだらかな山状に削り、ミルク→バナナシロップをかける。

4 グラノーラと、カットしたバナナ⅓本をのせる。

POINT！

超追熟バナナはシュガースポットがたくさんでてくるまで待つべし

甘めが好きな人は練乳多め牛乳少なめで調節をしてください

第3章

冬なのに、どうしてかき氷を食べに行くの？

常連さんの証言

夏には夏の、冬には冬のかき氷のよさがあります。冬はどんなに寒くても、その時期にしか食べられないかき氷がある

なお

あったかい店内に、あったかいほうじ茶とひざかけ。こたつに入ってかき氷を食べてるみたいで、幸せな気持ちになれるんです

なみなみ

いちごや金柑などおいしいし、クリスマス、お正月、バレンタインとイベント氷も楽しい♪

りるる

いつも店内が暖かいですし、冬のほうが氷がおいしく思います

muku_soap005

寒いとか関係なく、常にめまぐるしくメニューが変わるので

けん

寒いのに？ って言われますが、冬にアイスを食べるのと同じ。冬のアイスがおいしいように、かき氷も暖かい店内で食べればおいしい

PANDA

魔女のりんご

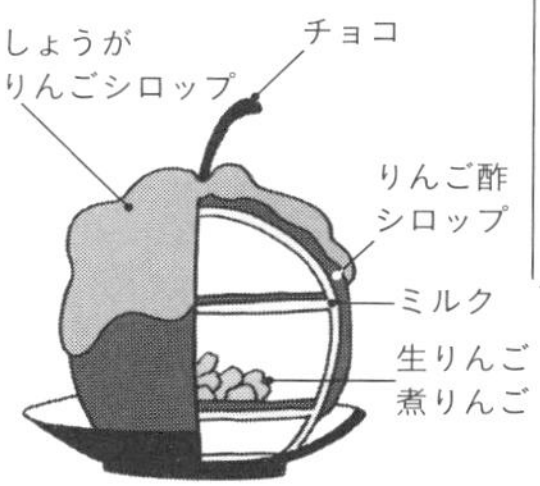

トリックオアトリート

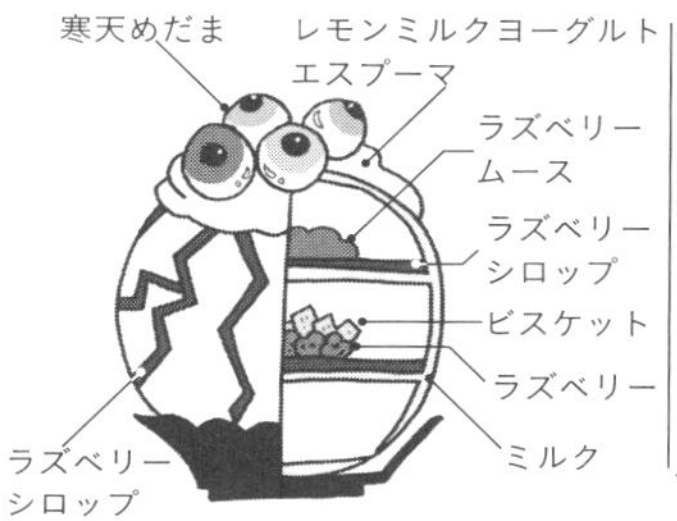

攻撃は最大の防御。ハロウィンを皮切りに、冬のかき氷は人がやらないことをやる

ようやく残暑がおさまってきた9月末。

ツイッターで「38%!」「77%達成!」と報告を始めるのは、ハロウィンの飾りつけの進捗状況。かぼちゃとお化けは、前の年に買ったものを倉庫から出してきて、新しく照明や飾りつけを買ってきて。トイレの中まで、ハロウィン仕様。そして客席もお化けたちがスペースを占領するので、通常よりも席数は減ってしまいます。あまりにも本格的なお化けなので、子どもが怖がってしまうこともあります。この時期だけはご容赦ください…。

年間でいちばん風変わりでドギついメニューが登場するのも、この時期。毒々しい色でりんごを丸ごとかたどった〈魔女のりんご〉、かき氷に目玉

ツリー型

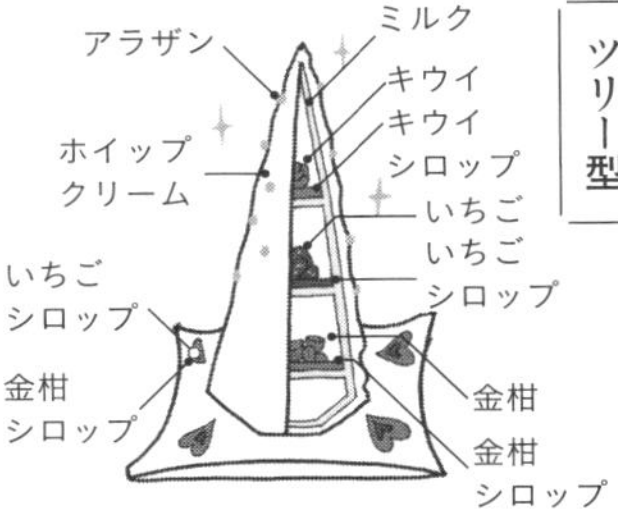

ホール型

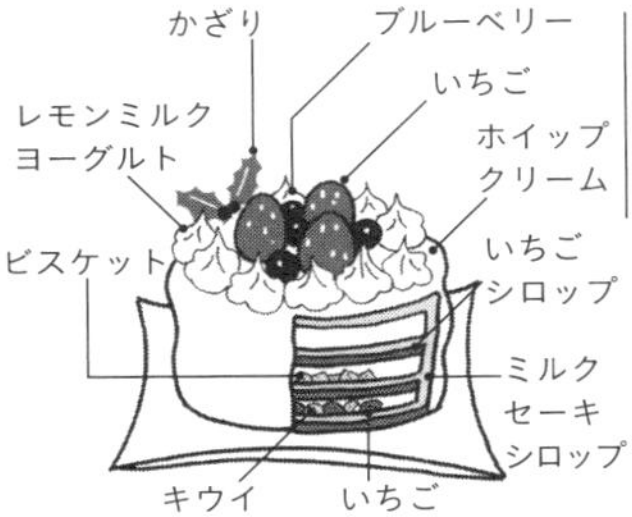

がのっかった〈トリックオアトリート〉などなど。

ここまでやるか？と思われたくて、びっくりさせたくて、エスカレートしてきてしまいました。

そして、このハロウィンを皮切りに、慈げんの冬が始まります。

ハロウィンのあと、11月中旬になると大きなツリーを出して飾りつけ。窓にはタペストリーをかけて、照明もクリスマス仕様。店の休日も飾りつけ作業に追われます。

店主の私は、トナカイの角がついた赤い帽子をかぶってお客さんをお出迎え。

メニューの数が年間で最大に増えるのも、クリスマスの時期です。ホールケーキの形をしてクリームをのせたかき氷に加えてツリー型、さらにあとから思いつきでハート型なども加わって、今では10種類を超えました。

飾りつけがのるのでかき氷が大きく見えますが、氷の量はほかのかき氷

ハート型

と変わらず、また味に飽きがこないように、いつも以上に複数の果物や食感を合わせます。

たとえば、ハート型やホール型のクリスマスケーキには、ラズベリーやいちごの果実と一緒に、サクっとしたビスケットを挟み込む。ユージュアリー型は外側が抹茶ミルクのエスプーマで覆われていますが、表面にフリーズドライいちごやお菓子の〝おいり（カラフルなあられの一種）〟を、中にはみかんやいちごや白桃、赤えんどう豆などを。彩りもいつもより多く華やかになります。

ただし作るのに時間がかかるので、クリスマス氷はひとり1杯ずつというのがルール。それもあって、全種類をコンプリートしようとしても、なかなかできないと、悔しがるお客さんもちらほら。そう簡単にはコンプリートさせません。しそうになったら、また種類を追加するかもしれませんよ。

最近は、クリスマス氷を出す店も増えましたが、ほかの店が2種類作るなら、うちはそれ以上作ります。それも、ほかがやらないリース型やパフ

ユージュアリー型

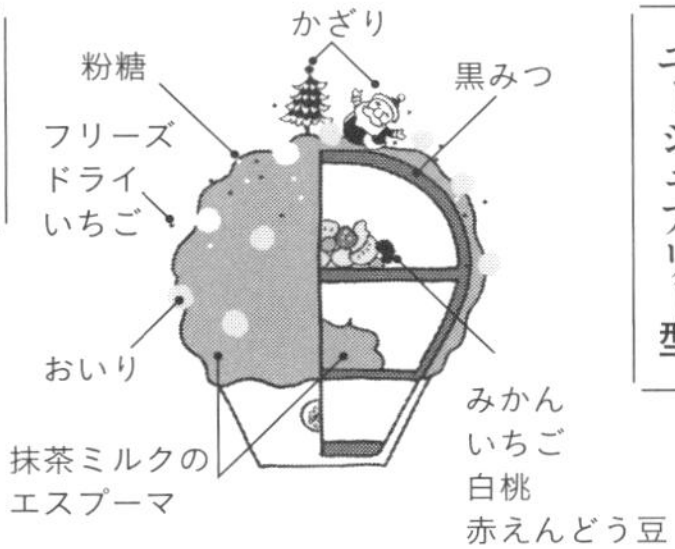

リース型

ェ型も追加して。いちごとサンタクロースのデコレーションで満足している人がいるなら、その既成概念を壊して、もっと新しいものを見せましょう。その結果、12月は1年の中でもっとも売り上げが多い月になりました。

すきのない攻撃は、最大の防御なり。

夏だけでなく冬にもかき氷を始めたのは２００７年でした。そのときはまだ、焼きそばやうどんを出していて、食事のついでにかき氷を食べる人たちがほとんど。それでも、冬に1杯も売れなかった日は、確か2日だけ。冬に食べるアイスクリームがおいしいように、かき氷だって提案しだいで、年中いけると感じていました。

その後、かき氷専門店になったのは２０１１年から。

これまで8回の四季を経験してきて、夏には夏の、冬には冬の忙しさがあることがわかりました。そして、新しいものを提案し続ければ、冬でもお客さんは途切れず、週末になれば夏と同じくらい人は来てくれるという

パフェ型

こともわかりました。

ただし、来るたびにどこか変わっていて、一度ではすべて楽しみきれなくて、季節のイベントが終わってしまうのが惜しいくらいでないと、リピートしてもらえません。そして「やりすぎ」くらい攻撃的でないと、自分自身が飽きてしまいます。

クリスマスが終わって年が明ければ、お正月の飾りつけをして、鏡もち氷や日本酒のかき氷を用意します。

そのあとが、バレンタイン氷。これは2012年から始まって、今年は8種類にまで増えました。

そしてホワイトデー、さらに桜のかき氷のシーズンと、寒い季節のイベントは途切れず続きます。そのどれもが、年を追うごとにやりたいことが増えていき…。いったいどこまでエスカレートするのやら。

攻撃は最大の防御なり。

Q 衝撃を受けたかき氷

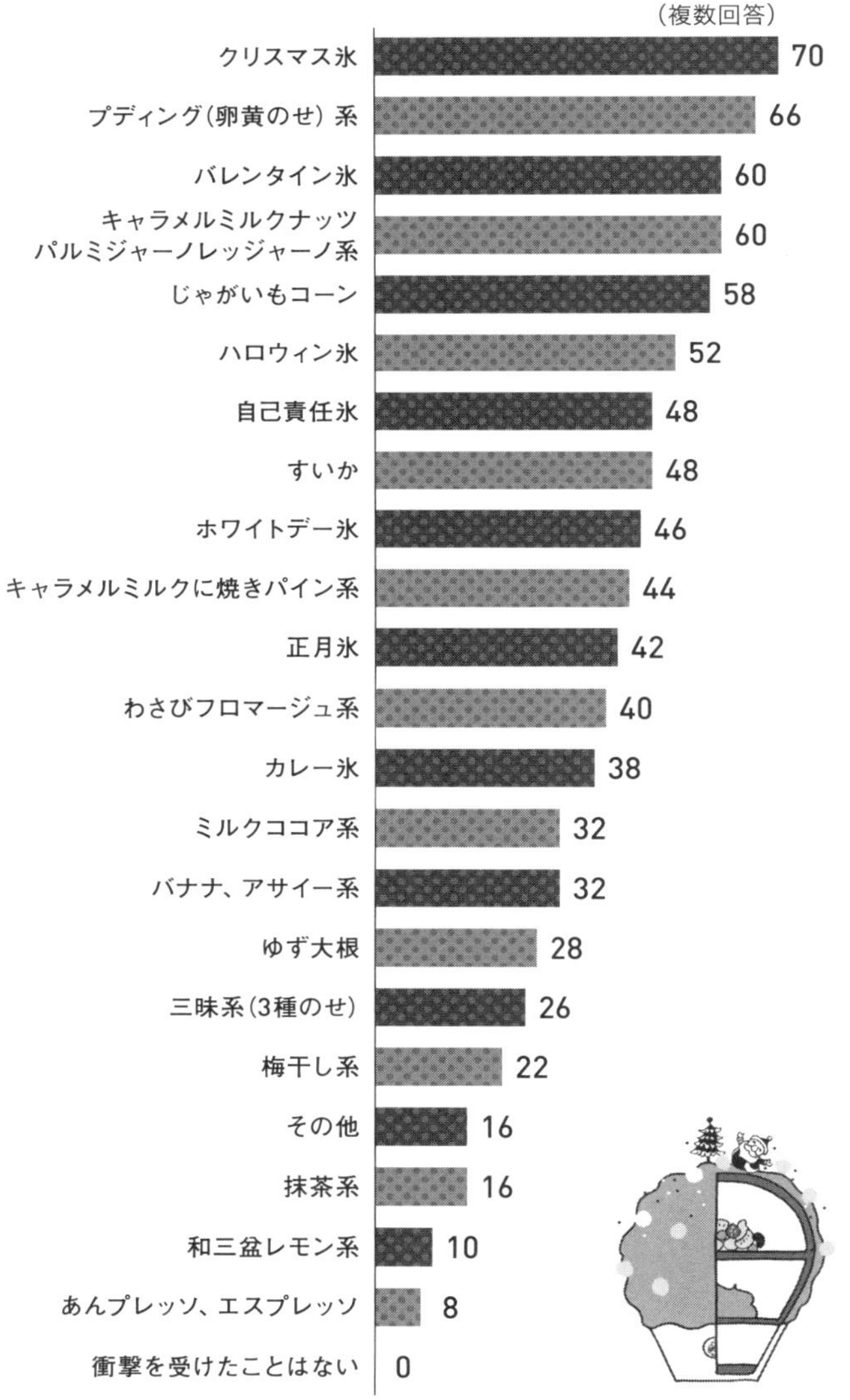
(複数回答)
クリスマス氷 70
プディング(卵黄のせ) 系 66
バレンタイン氷 60
キャラメルミルクナッツパルミジャーノレッジャーノ系 60
じゃがいもコーン 58
ハロウィン氷 52
自己責任氷 48
すいか 48
ホワイトデー氷 46
キャラメルミルクに焼きパイン系 44
正月氷 42
わさびフロマージュ系 40
カレー氷 38
ミルクココア系 32
バナナ、アサイー系 32
ゆず大根 28
三昧系(3種のせ) 26
梅干し系 22
その他 16
抹茶系 16
和三盆レモン系 10
あんプレッソ、エスプレッソ 8
衝撃を受けたことはない 0

Q 衝撃を受けた理由

じゃがいもや大根がかき氷になるなんて驚きでした
あんず栗好き

普段食べない果物がこんなにもおいしいと思ったり、苦手な素材がおいしく食べられたり、衝撃を受けっぱなしです
Kiyomi

ピンクリボン運動の一環として、特定のメニューを食べるとその料金の一部が寄付されるというのがステキだなと思ってます。こちらとしては、おいしいかき氷が食べられて、それが寄付にもなるなんてある意味一石二鳥かなと
PANDA

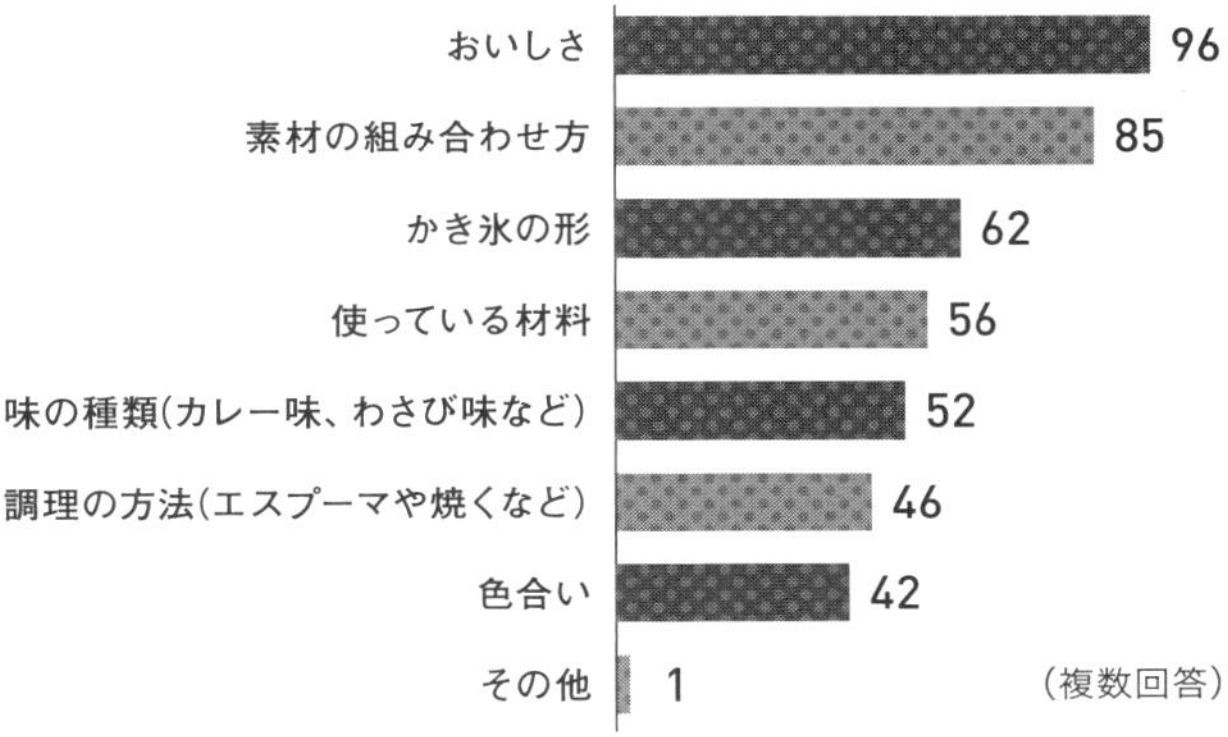

いくつかの素材を組み合わせても、同調し合い、かつ素材を生かしているからすごいと思う
ワイブル

ホットトマト&レモン。タバスコをかけるのは衝撃でした。トマト味はこの氷が今でも一番好みです
みなぎ

私ごとですが、すいかが大好物です。アイスやかき氷やジュース、グミ、ケーキ、いろんなすいか味を食べてきたけどやっぱり生で食べるのが一番って思ってました。慈げんさんで食べるまでは。もうパパさんの作る氷にはめろめろです
xxxyoshino

おいしいかき氷の条件は冬にそろう。30℃のぽかぽか店内でおもてなし

開店2時間前の朝8時、雪の散らつく冬の店先に、整理券を取りに来るお客さんが姿を見せます。それに合わせて、すぐそばの自宅からあわてて店へ。

はい、2名さんね。10時に戻ってきてくださいね。

最低気温を記録しそうな日だからといって、客足は少ないかと思ったら、そうでもありません。こんな日だからこそ、すいているだろうと見込んで、たくさん食べてやろうというお客さんが増えます。

雪のときでも客足が減ることはありませんが、客足がにぶるのは、朝に

北風が強く吹く日です。そんな日は、温まるスープを多めに用意しておこうか。合間に時間ができたら、リゾットも仕込もうか。

スタッフが仕込みを始める朝8時前から、気温や天気を見ながらメニューのことを考え、店内の温度をどんどん上げていきます。備え付けのエアコンと、客席に置いた4台の温風機を全開にして、30℃になるまで。

寒い外から店内に入ったお客さんは、初めは暑いと感じるけれど、かき氷を食べるうちに、ちょうどよくなる温度です。

整理券を持って店に戻ってきたお客さんが、「あったかーい」と言いながら、手袋を外して、うれしそうに注文をします。1杯目のかき氷が出てくるときには、すでに手も体もぽかぽか。汗ばみながら食べている人もいます。かと思えば、なん杯も食べるうちにマフラーを巻き始めたり、コートを羽織ったりする人も。そんな人には、温風機をこっそり近づけてあげます。ひざかけも一年中用意してるので、使ってください。

もうひとつ、年中用意しているのが、熱いほうじ茶。かき氷の甘さが口に残ったら、それをすっきりさせるよう、オリジナルブレンドをお茶屋さんに作ってもらい、やかんで煮出します。これがなかなか好評で、かき氷以上になん杯もおかわりする人もいます。

食べ終わった人を見送って、次の予約のお客さんを迎えて、店の外に出るたび、気温と湿度を肌で感じます。お、乾燥してきたな。明日はさらに冷えそうだな。

なん年か前、関東に大雪の予報が出たときは、遠くから来るお客さんが帰れなくなったら大変だと思って、休業にしたことがありました。その予報が当たったときはまだいいけれど、外れて雪がまったく降らなかったときは…、天気予報を恨みました。

四六時中、天気予報と温度計とにらめっこ。それも大事だけど、案外肌で感じるものも、大事なのかもしれませんね。

作るほうにとっては、気温だけでなく湿度も大事な基準で、湿度が低いほど氷は溶けにくいし、削りやすいものです。ベストなのは15％以下。湿度が上がるほど削りにくくなるので、削っている手元でその変化はすぐにわかります。軽くてふんわりしたかき氷が作れるのは、寒くて乾燥している冬なのです。

「冬のほうがおいしい」という人がいるのは、そういう理由なのかもしれません。

最悪なのは雨の日で、いくら除湿をしても湿度が上がってしまうので、厨房の中のエアコンは除湿にフル回転です。

そして残暑がおさまるころには、少しずつ暖房を入れ始めます。外がまだ汗ばむ陽気でも、足元に温風機があるくらいが、かき氷を食べるのにはちょうどよかったりするのです。でも、お客さんがそんなことを気にせず、いつ来ても、長くいても、心地よければそれがいちばん。

ただ、電気代がどれほどになるか…、考えるのも怖いので、請求書は見ないようにしています。

Q 寒い季節にも慈げんに行く理由

寒くても、その時期にしか食べられないかき氷がある。慈げんのかき氷に季節はあまり関係ない

Nari

難しい問いですね。暑いから、寒いからと考えた事がないので

金ちゃん

1年中、月に数回は行くのが習慣。「一期一会」がマスターのレシピなので、そのときじゃないともう二度と出会えないから。ジャズのライブと同じです。その演奏が二度と聴けないから。かき氷とジャズライブは同じです

匿名

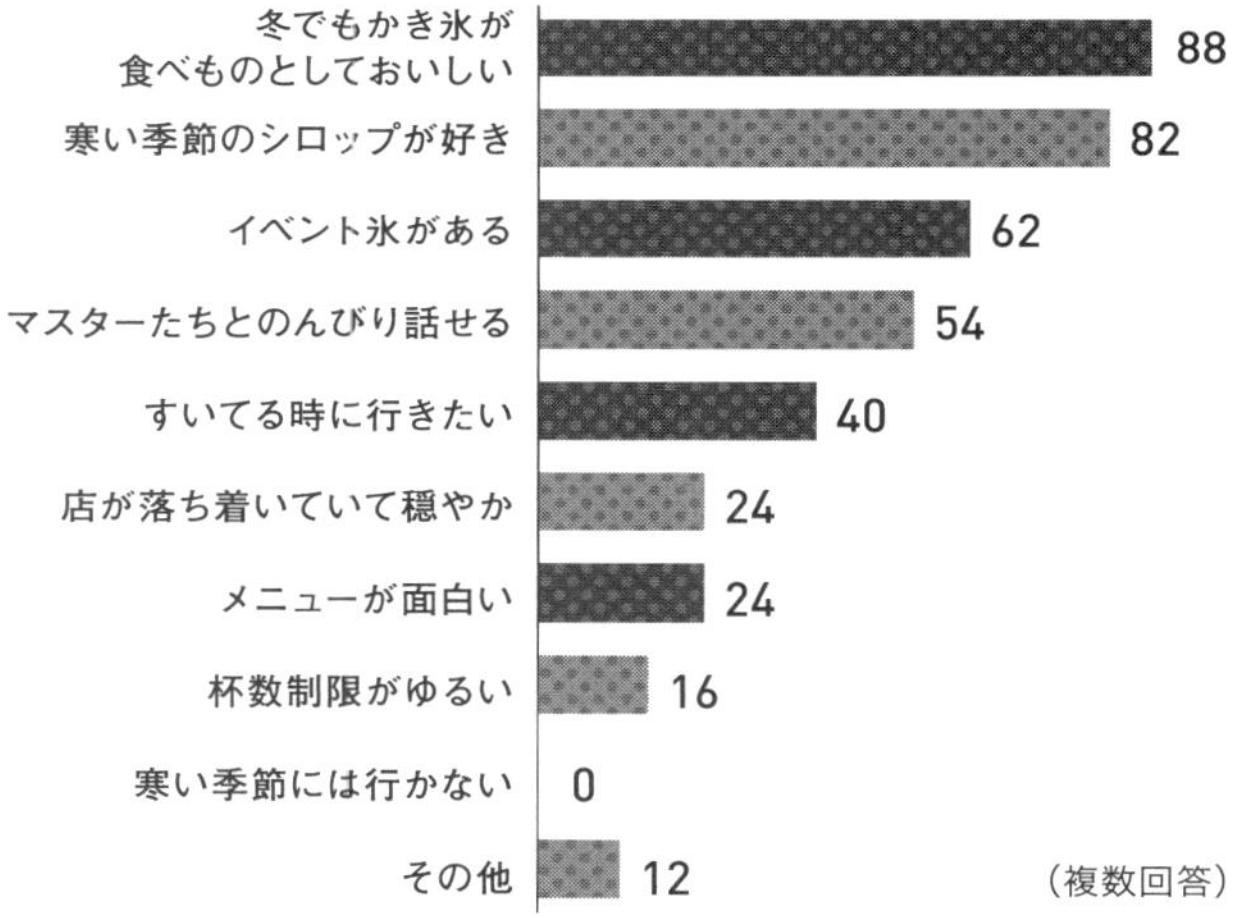

イベントごとの装飾を見たい

きらきら

かき氷以外のうどんやスープ、フライドポテト等のメニューも味わえるから

てきょん

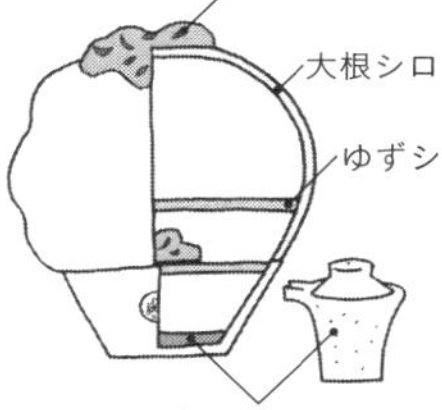

大根とゆず

大根、金柑、りんご…。冬ならではの素材は個性的な味で楽しませる

寒い間は、クリアなシロップのすっきり系メニューよりも、少しこって り目のものへの注文が増えるものです。ただ、クリアなものでも苦味や辛 味のあるものには、少々マニアなファンがつきます。

たとえば〈大根とゆず〉というかき氷。氷の上に大根がのっている様子 を想像するかもしれませんが、そうではなくて、大根の風味をシロップに してかけるという変わりダネ。大根の風味とゆずという、味の強さが近い ものを合わせるのがポイントです。

大根の皮をむき、大根おろしですりおろす。シロップとして使うのはお ろした大根ではなく絞り汁だけ。この大根汁を和三盆と合わせますが、大

ザ金柑

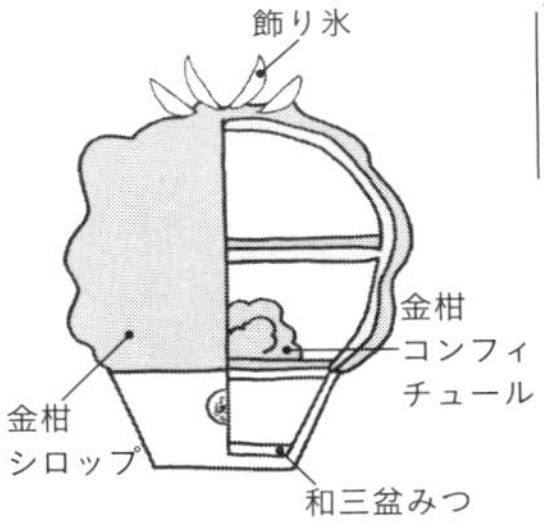

ミルクに金柑

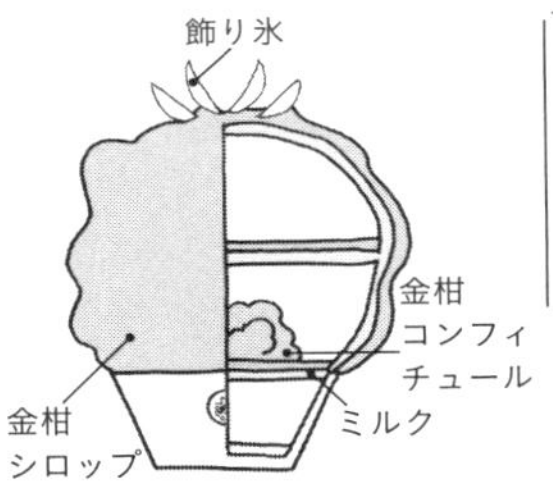

根のピリっとした辛さが「少し」残るのが目安。甘すぎてもダメで、辛味が足りなければ、大根の先の辛味がある部分をさらにおろして足します。

かき氷に辛味というのは、イメージしにくいかもしれませんが、お酒好きな人や、3杯目・4杯目のラインナップに好まれるようです。

ちなみにすりおろして残った大根は、めんつゆをかけて、まかない食に。これが意外とイケます（笑）。

冬の素材の中でも人気の金柑は、アレンジしだいで「おいしい」にもなるし「苦い」だけになってしまうこともある、要注意の存在です。かといって、薄めてしまったらおいしくなくて味がボヤけます。シロップを作るときは、甘さを強めに加えて、ジャムを作る感覚に近いでしょうか。

皮のままの金柑を火にかけ、皮がやぶけてきたら、ひとつひとつタネを取り出す。とても手間がかかる上に、実は少なくたくさんのシロップは作れませんが、これもまた冬の風物詩。トロっとして濃密な金柑色のシロップは、ほんの少し苦味が残って、とても味わい深いものです。

プレミアムミルクに生いちご

このような、果物の味がしっかり出た濃密なシロップを、たくさんかけるのではなく、氷にからめるように少量かけて味わうのが、慈げんが考えるおいしいかき氷。冬の素材は特に、その原点を教えてくれます。

そのため、よくある液体のシロップを想像して来る人は、トロッとした濃厚シロップに、初めは驚くかもしれません。

人気のいちごシロップも同様で、ジャムと液体の中間くらいです。

いちごのかき氷は年中食べられるものだと思っている人もいるかもしれません。いちごの旬は春ころまでなので、提供できるのもその時期だけ。残念ながら、いつでもあるわけではないのです。

いちごシロップは、ミキサーで砂糖と混ぜるだけのシンプルなもので、ジャムを作るときのように熱を加えません。これは好みの問題ですが、煮ると甘ったるくなってしまうのが、どうしてもダメで。金柑と同様ねっとり濃いめのシロップを、氷の間に入れ、さらに上にトロッとかけて。甘さが欲しいときは、ホイップクリーム（ただしこれも、甘さ控えめ）やプレミアムミルク（生乳100％に和三盆）を加えます。これが〈プレミアムミ

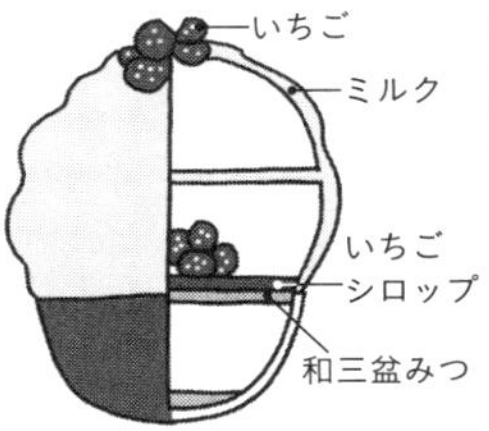

ミルクと生いちご

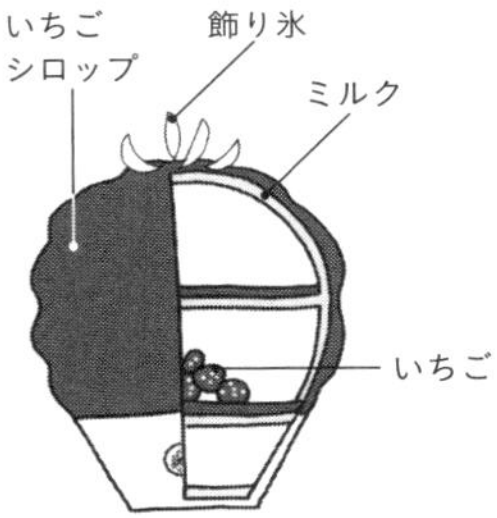

ミルクに生いちご

ルクに生いちご〉となって、慈げん人気の一品です。

ちなみに、メニュー名に入っている「と」と「に」には、明確な違いがあります。〈ミルクと生いちご〉は上下が分かれていて上がミルクで下が生いちご。〈ミルクに生いちご〉はミルクと生いちごがひとつになって上から下までかかっているメニューです。

材料のいちごだけで1日に20～30パック使うので、シロップを作ったり、トッピング用に刻んだりするのは、毎朝の仕込みの中でも時間を使うところ。刻んだいちごは、赤いところと断面の白いところが混ざって、とてもきれいだけれど、大きすぎるいちごだと白い部分が多くなって、きれいにいきません。また、水分量が多すぎるとかき氷には不向きです。その条件で選んでいくと、いちごの品種もひとつに定められるものではなく、そのときどきで変わります。

ちょうどいい味の濃さと大きさのいちごを毎週市場で探すのも、冬の間の風物詩といえるかもしれません。

そしてすべてのメニューに共通するのが、冬は少しだけ氷の量を減らすこと。夏より溶ける速度は遅いけれど、たくさんは食べられないという方が多く、ちょうどいいと思う量は、160～180グラムの間くらい。氷が少なめでも、盛り付ける器も具材の量も変わらないので、うまくバランスを取ることが求められます。

なにごともバランス。甘さと苦さ、シロップのねっとり感と氷のふわふわ感、気温と湿度。それさえ押さえれば、一年中いつでもおいしいかき氷は提供できるのです。

冬はこってり系の注文が多いと言ったけれど、最近は夏でもこうした味を好む人が増えてきた気がします。

キャラメルソースを使ったものやラムレーズンなど、かつて寒い季節だけのメニューだったものでも、夏に出してみたら、複数オーダーの最後に食べる人がちらほらと。

かき氷が一年中の食べ物になってきて、かつてのセオリーがあてはまらなくなっているのかもしれません。

Q

私だけが知っている慈げんのひみつ

壁にはってある小さいメニュー(ふきだし)にお宝がある

れもんた

500円玉ばかりで支払うと喜んでくれる

タロウ

キャラメルソースがほろ苦でおいしいこと！あとカラメルソースもほろ苦くて、ただ甘いだけじゃないのが好き

YOKOO

抹茶に柑橘系シロップ(ゆず、レモン)と和三盆みつを入れるとおいしい

Kiyomi

店にあるほうじ茶と売ってるほうじ茶はべつもの

てきょん

ハロウィンは机の上だけじゃなく、下にもしかけがあるから、見逃すな！

Na~rin

桜

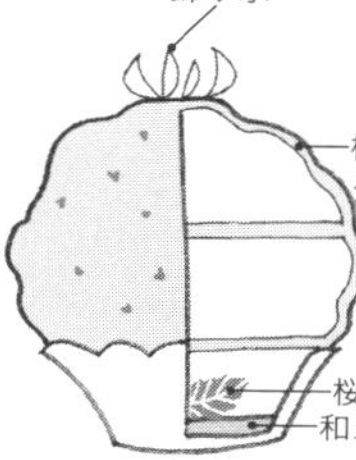

立春とともに始まる大仕事。桜のかき氷は、引き算の美学で

熊谷は、暖冬の年でも北風の強さは相変わらずで、そのせいで予報の気温よりも、寒く感じる日が多いものです。そんな1月末、冬のもうひとつの名物メニューを考え始めます。

それが、〈桜〉のかき氷。

熊谷の南に広がる荒川の土手は、桜堤として知られる桜の名所。「日本さくら名所100選」にもなり、2キロも続く桜並木は圧巻の風景です。

これをかき氷で表現しようと思ったのは、2006年春、市をあげて熊谷のかき氷を盛り上げようと始まったプロジェクト「雪くま」がきっかけでした。

「雪くま」では熊谷の各店がそれぞれのオリジナルシロップを使い、かき氷を提供します。もちろん、桜を使ったメニューはほかの店でも考えられていましたが、これを慈げんがやるなら。人工的なピンク色で甘ったるいものは作りたくないし、余計なものを足さず、葉っぱと花だけで何ができるだろう。

頭に浮かんだのは、氷の中に透けるような桜の花びらが、ふんわりと舞っている絵でした。実際に咲く桜は薄いピンク色で透明感があって、そして凜《りん》としているもの。そうとわかれば、あとはそれを形にしていくだけ。

仕入れた桜の花は、花びらだけでなく外側の茎の部分や中の雄しべ・雌しべもついたままの塩漬けです。一般的にはこのまま、桜のお茶や桜もちに使われますが、真っ白なかき氷に入れると、どうしても花びら以外の部分が茶色くにごって見えてしまう…。

ならば。

なんのにごりもない花びらだけを使うしかありません。

こうして、塩漬けの桜をひとつずつがくから外し、雄しべ・雌しべを取り出す作業が始まりました。さらに花びらを1枚ずつ破れないように分解していきます。

朝は厨房でほかの仕込みと並行して、夜は片付けが終わった店内で。桜の塩漬けとの格闘です。目が疲れてきたら、妻にバトンタッチ。集中して小さな桜の花びらに向かうのは、かなりの根気が必要で、夜遅く黙々と作業をしていると、眠気が襲ってきてうとうと。妻がこっくりこっくりし始めたら、またバトンタッチです。

取り出した桜の花びらは、1枚ずつ開かせて、そしてシロップに混ぜます。シロップに使うのは、白砂糖ではなく透明感のある氷砂糖。これを水に溶かすだけなので、純度が高くて雑味が少ないものに限ります。

こうした過程を経て、透明なシロップの中に、透き通るように薄いピンクの花びらが浮かんだ、オリジナル桜シロップの出来上がり。

器の底に桜の葉っぱの塩漬けを敷いて、その上に氷を削り、桜シロップをかけ、また氷を削ってシロップをかけて。食べると花びらのわずかな塩気を感じられて、それが全体のバランスを保っています。

「桜、咲きました」

桜の氷が店頭に出るのは、暦の上で春が始まる立春から。ツイッターやインスタでこのフレーズを出したら、桜のかき氷スタートの合図です。とはいえ、立春の2月上旬は最低気温の記録が出ることもあるくらい、まだ寒さは厳しい。

氷の中に入っている桜の花びらは、寒さの中で春を待っているように見えるという人も多いようです。そういえば、２００６年にこのメニューが誕生したときは〈雪桜〉という名前で呼んでいました。それ以来毎年、桜のかき氷はスタッフとお客さんにとっての、春待ち時期の風物詩です。

メニューは毎年少しずつ形を変え、いちばんシンプルな〈桜〉のほか、〈桜ミルク〉〈桜ミルクあずき〉など、いくつかあります。するっとのどを通って後味もすっきりしているせいか、一度に2杯食べる人もいるのは、桜のかき氷の特徴かもしれません。

いつもは、お客さんにおすすめを聞かれても答えられないけど、この時期だけは「桜がおすすめ！」って答えます。

また、「最後の葉っぱ、食べてもいいんですか？」と聞かれたら、「もちろん、どうぞ！」。

最後の最後まで、しっかり味わってください。

今日はたくさん〈桜〉が出たから、また夜は仕込みが大変です。

まあ、そんな忙しさも4月頭の熊谷さくら祭が終わるのと同時に落ち着きます。そして、ツイッターには毎年このフレーズでシメくくり。

「桜、散りました」

桜に白小豆

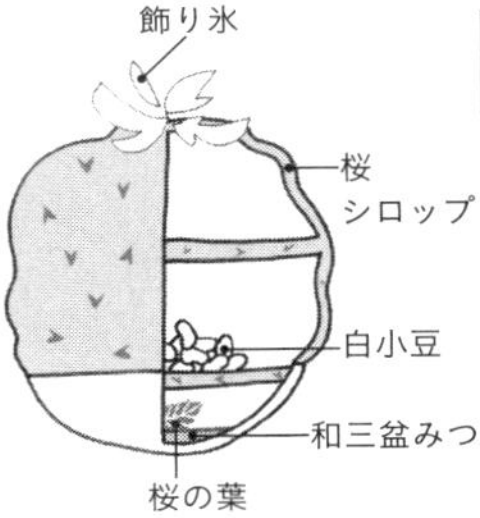

証言

「桜のかき氷の衝撃は忘れられません。引き算でここまでおいしくできるなんて」

（かき氷好き・030）

桜のかき氷との出会いは、確か4年前。初めて食べたときの感想は、

「なんだ、これ？」

ほんのりピンク色の桜の花びら、シロップの上品な甘さ、最後に出てくる桜の葉の塩気。いろいろなお店でかき氷を食べ歩いてきて、初めて出会ったシンプルさに驚かされました。それからは、桜の季節は週に1回、それ以外のときでも月1回以上は通っています。

〈桜ミルク〉〈桜あずき〉〈桜にレモンクリーム〉、いろいろ食べましたが、その中で〈桜に白小豆《しろしょうず》〉と出会ったときの衝撃は、忘れられません。桜のかき氷の中に、堅めに炊いた白小豆が入っていて、塩気のバランスがちょうどいい。余計なものがなく、引き算でここまでおいしくできるのは、どういうことかと。なんとすごいことなのかと。

どれもこれも、宇田川さん本人がいちばん楽しんでいて、次々に新しいものを出してくる。忙しくても弱音は言わないし、手を抜くことも怠けることも絶対にない。慈げんに行くたび、「自分は、ここまで頑張れていないな」と思わされて、それが次の日からの私の活力源になる。

つらいとき、元気が出ないとき、慈げんに行きたくなるのは、そんな理由からなのだと思います。

桜

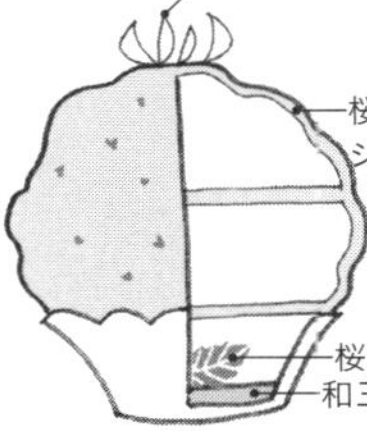

証言

「そのまま食べるより果物がおいしい！ そして最後の晩餐《ばんさん》は〈桜〉って決めてます」

（かき氷好き・ペンギン）

よし、明日は慈げんに行くぞ！ と決めたら、そこからもうわくわくが始まります。何を食べようかな、どんな順で食べようかな。

どうしてこんなに好きなのかというと、果物の味が生きているから。氷はそれを補助しているにすぎないんです。不思議なことに、いちごもメコンも、そのまま食べるよりも、おいしい。そして、食べるほどに元気になって、体がぽかぽかしてくる。信じてもらえないかもしれませんけど、慈げんに通い出してから私、すごく健康になったんですよ。

やっぱりいちばんは〈桜〉。最後の晩餐はこれに決めてます。

ツイッターの「桜、咲きました」を見たらすぐ駆けつけて、毎週通って、「桜、散りました」を見て、桜ロスになる。毎年その繰り返しですけど、そうやって一生過ごせたら、最高の幸せです。

WHAT'S 慈げん!?

常連100人アンケート

Q 慈げんでもっとも好きな季節

冬　クリスマス限定やバレンタイン限定がおいしいから。バレンタイン限定が1番好きです。それに冬はすいてるので、思いつきで行けるから

なあ

冬　気軽に行けるので好きです

Kiyomi

冬　秋のいも・かぼちゃも好きですが、やはりみかんやいちごの氷が好きなので

金ちゃん

冬　バレンタインのかき氷が好きです

スノーエル

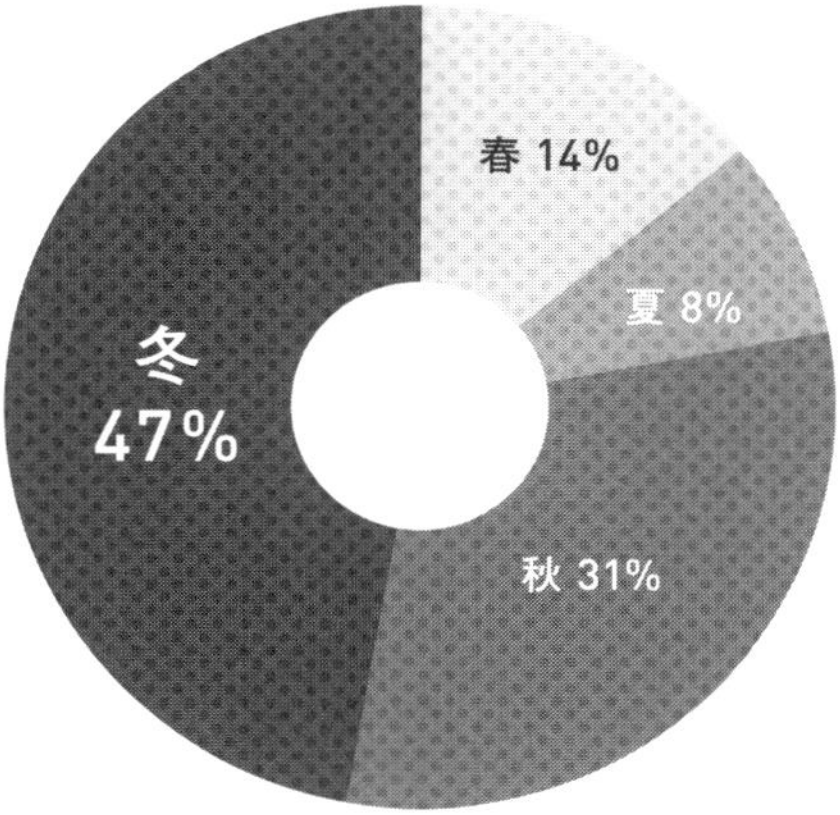

夏　フルーツ系が豊富で、じゃがいもコーンの季節なので

YOKOO!

夏　全部好きで選べません。がっ、大好きなすいか・梅干しが夏しか食べれないので……

ぶーねこ

春　桜のかき氷がある

タロウ

秋　自分の誕生日といもくりかぼちゃが好きなので！

ステ子

秋　ハロウィン氷が可愛いし店内も可愛い!!面白い^^

のんちゃん

《 秘伝のレシピ ｜ 2 》

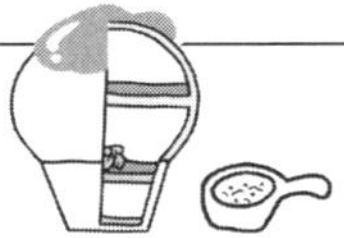

◎じゃがいもコーン

材料

〈ミルク〉
練乳…20mℓ
牛乳…50mℓ
生クリーム…30mℓ

〈じゃがいもシロップ〉
じゃがいも…50g
練乳…50g
塩…ほんの少し

粒コーン（缶づめ）…30g
氷…180g

POINT！

国産のミキサーはじゃがいもの粘度により壊れる可能性が高いです。馬力のある外国のものを推奨します

作り方

1 練乳と牛乳と生クリームをまぜてミルクを作る。

2 じゃがいもを蒸して、熱いうちに練乳とミキサーでまぜる。ちょっとずつ練乳を加え、なめらかになるまで頑張る。ほんの少しの塩を仕上げに加える。

3 皿の底にミルクを少し入れる。氷を⅓程度削る。ミルク→じゃがいもシロップをかけ、粒コーンをのせる。その後、⅔程度まで削り、ミルク→じゃがいもシロップをかける。また氷を削り、最後に全体にミルク→じゃがいもシロップの順番でかける。好みで岩塩とこしょうをそえる。

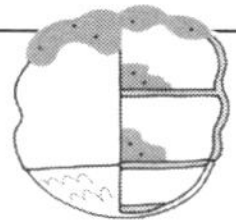

◎ザいちじく

材料

〈いちじくシロップ〉
いちじく…3個（180g）
和三盆…10g
レモン汁…2滴

〈和三盆みつ〉
水…50mℓ
和三盆…40g

氷…180g

POINT！

直前に入れる生のいちじくは、食感が残るくらいのつぶし方がおすすめ

作り方

1 いちじく2個の皮を手でむき、実をこそげ取る。レモン汁2滴と和三盆をかけて、水分が出たら鍋に入れ、超弱火にかける。とろりとした柔らかさになったら冷蔵する。

2 いちじく1個を、手で皮をむき実をこそげ取る。冷えた1に手で実をつぶしてまぜる。

3 和三盆を水に溶かし、和三盆みつを作る。

4 皿の底に和三盆みつを少し入れる。氷を⅓程度削る。和三盆みつをかけ、いちじくシロップをのせる。その後、⅔程度まで削り、和三盆みつをかけ、いちじくシロップをのせる。また氷を削り、全体に和三盆みつをかけ、いちじくシロップをのせる。

第4章

大人も子どもも、だれとでも、どうして慈げんに来ると幸せになれるの？

常連さんの証言

なぜかみんな食べながらニコニコ顔になって、いつの間にかお隣の人と仲よくなってる、不思議な空間

なみなみ

細かくメニューに書いていないが、中に入っているものが、ピールや果肉やムースなどおいしいサプライズがある

けん

生活の一部になっているから、欠かすと落ち着かない

りん

マスターと何気ない話をするのが楽しみのひとつです

muku_soap005

行くまでの間、読書するのも楽しい時間です。帰りに食べたかき氷を反すうするのもいい。遠いからこそいい気分転換になっています

ホウジ

おいしいかき氷と優しいマスターがいて、つらいことも悲しいことも忘れられる場所だから

匿名

接客の正解はひとつじゃない。人を見て、距離感をさぐって、負けない勝負を

朝、開店準備をしていると、店の前を通るサラリーマンが、礼儀正しく朝のあいさつをしていく。

子どもを保育園へ送るお母さんは、自転車のスピードを上げながら、「宇田川さーん、おはよー!」と明るく手を振っていく。

朝の大通りはいろんなあいさつが飛び交い、それに合わせてこちらから投げかける「おはよう」も少しずつ変わります。

初めて来たお客さんへの「おはよう」は、無難で差し障りがない感じかもしれません。そこから、反応をじっくり見ながら、距離感をさぐってい

和三盆レモン梅干し

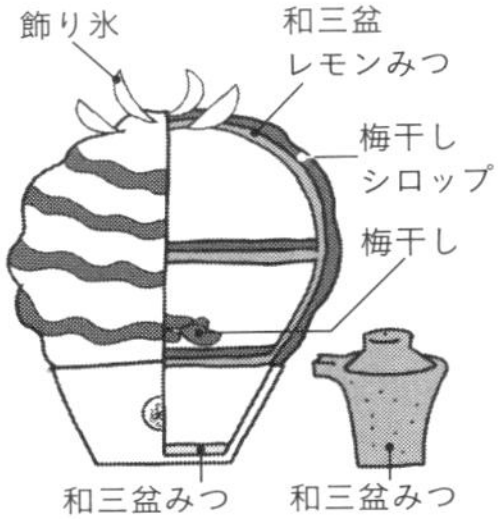

くのです。さて、どうやって心を開かせようかと。

この日の注文1杯目〈和三盆レモン梅干し〉が出来上がったら、その人が食べるスプーンの動きをじっと見ます。正確には、目の端っこのほうで、さりげなく追いかける、といった感じでしょうか。

ひとさじ目を氷に入れたとき、かき氷が崩れたりしてないか。そして口に入れた瞬間にどんな顔をするか。

「おいしい!」とリアクションするのは、まあまあだということ。何も言わずに、笑顔でうなずいているのは、すごくおいしいという納得の証拠。なん度も無言でうなずいていたら、それ以上。

たまに、しかめっ面をするお客さんもいます。そのときは、少し時間を置いて、さりげなく質問をしてみるのです。

「すっぱかったですか?」

「もしかして、大きすぎましたか?」

これはアパレルで接客をしていたときに覚えたことで、「か?」のつく質問をすることで、お客さんとの距離感が縮まって、正直に話してもらえ

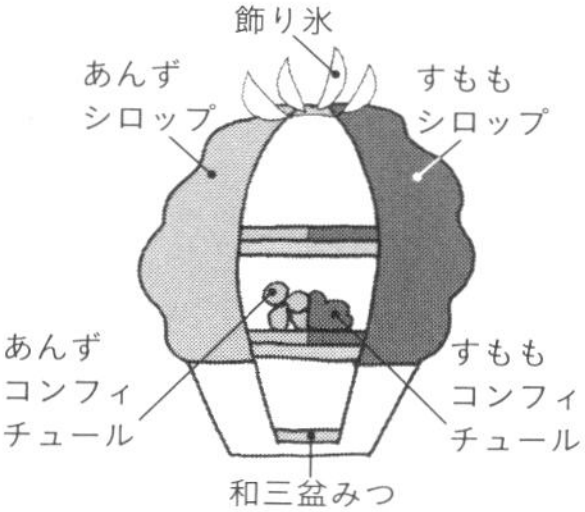

ることは多いのです。

そこで正直に答えてくれたら、2杯目の〈すももとあんずのあいがけ〉で調整をする。食べきれなかったお客さんには小さめに、甘すぎたという方ならシロップを替えてみる。それで気に入ってくれたら、2度目・3度目に来たときも、同じように好みを調整してお出しします。

また、ひとさじ目を食べるとき、出したスプーンを左手に持ち変える人は、2杯目から左利き用に配置して出します。

人の顔や名前は覚えがいいほうではないのに、好みや反応は記憶に残るものです。メモを取っているわけでもないのに、不思議なものですね。

お帰りのときは、

「お口に合いましたか?」

「いかがでしたか?」

そう聞いて、相手がふわっと笑顔を見せてくれると、こっちもうれしくなります。最初はブスッとしていた人も、帰るときは軽やかな顔になることもある。なんていうか、心が軽くなったような。それがよくわかるから、こっちもまた頑張ろうと思えるものです。

よく商売人のインタビューなんかである、
「お金もうけのためじゃない」
「お客さんの笑顔がいちばん」
というのは、なんだかきれいごとみたいで、他人からすると「本当?」って思うこともあります。でも、やってみるとこれは本当で、笑顔以上にうれしいものはありません。

けれど、その方法をマニュアル化はできなくて、形はどうあれ、相手をわかろうとすることから始まるのだと思います。

相手がわかれば、あいさつだっておのずといろんなパターンが生まれてくる。お客さんが帰るとき、相手が優しいあいさつならこちらも優しい「ありがとう」を。ハイタッチの間柄なら、それだけでも立派なあいさつ。なれあうのとは違う、ひとりひとりとできるそのときの最適なあいさつ。それが接客なのだと思います。

中国の古典『孫子』の中にある、

「かれを知り己《おのれ》を知らば百戦殆《あや》うからず」（相手の実情と自分の実力を正しく知ることで、負けない戦いができる）のとおり。「戦い」を商売だとすれば、お客さんのことを知り、自分のできることを知り、負けない商売をする。

大勝しなくてもいいから、せめて相手のために何かできたと思える商売をする。


たまに、笑顔が少ないまま帰る人がいたら、おれの負け。

勝ち負けにこだわるわけじゃないけど、「相手を知る」ことがもっとできていたら、満足させることができたかもしれません。

ちょっと、悔しい瞬間です。

証言

「怖い顔をしていた人も、食べたら笑顔になる。心が通った瞬間が幸せです」

（慈げん㊗店主・宇田川祥絵）

たくさんのかき氷店がある中で、慈げんを選んで来てくださる方がいる。そして、ちょっと怖そうな顔をしている人も、心を閉ざしてる感じの人も、食べ終わったら「じゃーねー！」って手を振って帰っていく。そんな、心が通う瞬間が私は大好きです。

お客さんは全力で食べに来てくださるから、提供する私たちも全力以上のものを出さないと、っていつも思います。そうでなくちゃ、申し訳ないです。だから、外食した先でいいなと思った店員さんの接客があったら、うちでも取り入れたり、逆に直したほうがいいところも、ほかの店を見て学んだり。すべてが勉強です。

そのひとつが、毎朝私が筆で書いているメニューです。字は得意じゃないですけど、これも「うちでなくてはできないこと」だと思って、やり続けてます。マスターから突然に新しいメニューを聞かされたときは、書くほうも大変ですけどね。

でも「お客さんに喜んでもらう」という目標があれば、どんなに忙しくても、大変でも、頑張れちゃうんです。

もちろん、マスターだってそうですけど、だからといってお客さんにこびることなく、言いたいことは言っちゃう。店の外で待つ人にも、店内でマナーを守らない人にも、「今度やったら、店に入らせないよ」って。規律にうるさいのは、マスターが元自衛隊員だからかもしれません。

そんなマスターだから、お客さんから「感じ悪いなー」って言われたことがありました。そしたらマスターは、「そっちも!」って言い返して(笑)。

そういう人なんです。

常連100人アンケート

Q 慈げんをひとことで言うと

癒やし／19人

天国／12人　聖地／10人

ワンダーランド／10人

生きる糧／5人　幸せ／5人

大好き／5人　オアシス／4人

元気／4人　親戚の家／4人

パワースポット／4人　夢／4人

人間国宝／3人　日常／2人　満足／2人

原点／1人　小旅行／1人

行かないとうずうずする／1人

店内での時間を心地よくするために。お客さんへの「厳しさ」も接客のうち

体調は、自己管理でお願いしますね。

現在の整理券方式になる前は、夏の暑い日に店の外で長い行列をつくって待つお客さんに、そう注意して回っていました。

外で並んでいるうちに熱中症になるのは、たいていの場合、体調が悪いまま並んでしまう人。中には、寝不足のままなん杯も食べて、ぶっ倒れる人も。かつては、夏の間は毎年最低1回、救急車を呼んだものでした。

暑い屋外で、なん時間も待たせるのはさすがに申し訳なくて、約4年前からは、整理券方式に変えました。また、混雑状況をツイッターでお知らせすることも、開始しました。

整理券での入店は、30分きざみで6人程度が目安。たくさん入れられないのは、ひとりが2～3杯、多いと4杯ずつは食べていくので、滞在時間が長いということ。それから、おひとりのお客さんが多いので、席をびっしり埋めないようにしていることが、理由です。びっしりと席を埋めればもっともうかるのだろうけれど、そういうのは好きじゃないんです。

たとえば、カウンター席におひとりのお客さんが座るとき、混んでいなければ、1席ずつ間隔をあけます。席をつめるとしても、女性のおひとりが座っているすぐ隣に、男性客を入れることはしません。また、女性同士で来ているお客さんの隣にファミリーや男性グループが並ぶことも避けます。女の子チームの近くにはやっぱり女の子グループが来るようにするし、ほかにも、なんとなく雰囲気が違うなというお客さん同士は、少し離れて座ったほうが、お互いに心地いいようです。

ある人はなん時間もかけて、ある人は前日から泊まりで、わざわざ来てくれるのだから、ここにいる時間は気持ちよく過ごしてもらいたい。そのために、席の配置は大事な要素です。

店内のインテリアを変えながら、またお客さんの予約状況を見ながら、席の配置を変えることも、よくあります。今日はおひとりが多そうだから、テーブルを分けておこうか。ファミリーやグループが来るから、奥に席をつくっておこう。ネットオークションで買ったテーブルといすも、運び込もう…。

来るたびに、少しずつ店内のレイアウトや席数が変わっているのは、その日の来客予定と店主の気分、ということで。


気持ちよく過ごしてもらうために、お客さん側のマナーにもつい、うるさくなってしまいます。本人は意識していなくても、たまにいる汗臭い人やタバコ臭い人。入ってきたときに気づいたら、もう一度外に出てもらって、消臭スプレーをシュッと。

男性でも女性でも、香水の匂いが強い人もNG。帰るとき、

「ちょっと匂い、強かったかな。次は半分くらいにしてね」と伝えます。

ただし、ほかのお客さんにはわからないように、そっと。それで反発したり同じことを繰り返したりする人は、ほとんどいません。

ほかのお客さんの邪魔になるくらい騒ぐ子どもにも、容赦なく注意します。直接子どもに、

「おい、うるさいよ！」

そう言うと、親のほうがびっくりして、たいてい静かになるんですよね。女性同士で話が盛り上がりすぎて声が大きくなっていくのは…。なかなか注意しづらいけど、近くに行って、小さく「シーっ」。

それで来なくなってしまう人はそれまでですが、多くの場合はちゃんと次からマナーを守って来てくれます。そして、リピーターにもなってくれます。


そのせいなのか、なんなのか、お客さん同士のいざこざや問題は、起こったことがありません。それどころか、お客さん同士がものすごく仲がいい。これはうちの特徴かもしれません。

予約時間の少し前に着いて、店に入るまでのちょっとした待ち時間。またたまたま近くの席になったとき。お客さん同士で話すうち、またなん度か通ううち、つながりができることもあるようです。

「また会いましたね」

「どちらからですか？」

こんなあいさつは、慈げんでは珍しいことではありません。


長年にわたって店に通ううち、新しい家族や子どもを連れて来る人もいます。私もうれしくなるし、ほかのお客さんがあやしたり遊んだりすることもあります。それはほほ笑ましい光景だけれど、お互いに重たすぎる関係にならないようにと、気をつけます。でないと、初めてのお客さんが入って来にくい空気になってしまうから。

だれかが居心地がよくても、別のだれかにとってよくなかったら、意味がありません。和やかだけどなれあいすぎてないのが、理想の店です。

お得意さんだろうと、初めての方だろうと、そしてマナーが悪いとしかりつけた人にも、帰り際のあいさつは同じように。

ありがとうございました。また来てくださいね。

証言

「居心地がよくて、年間100回も。慈げんに通うことは、私の楽しみです」

（かき氷好き・慈げん公認宣伝部長・GENJI）

慈げんに通い始めたのは、11年前くらいから。かき氷好きの友人に誘われて、いろいろな店を食べ歩いたものでした。その中で慈げんのおいしさは際立っていたけれど、それだけじゃない、「自分に合ってる」という感じがありました。とにかく居心地がいいんです。それを言葉でうまく説明するのは難しいのですが…。

当時は、メインのメニューだった熊谷うどんを夕食にして、その後にかき氷を食べて。たぶん、年間100日は通ってました。今は週1回ペースになりましたが、やっぱり慈げんは私の生活の中心です。

週に1回、朝に整理券をもらいに行って、日中に仕事や用事を済ませてから、夕方に慈げんに戻ってくる。食べている間、ほかのお客さんと話したり、かき氷の写真を見せ合ったり。家族連れや、友人と来ている人、ひとりで来ている人、男性、女性、顔見知りの方がずいぶん増えました。

抹茶

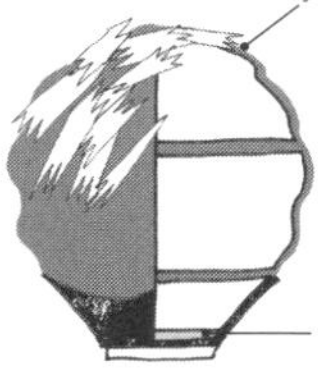

頼むメニューはそのときどきの季節ものや定番を組み合わせて2〜3杯。何かいいことがあった日、記念日などには、〈抹茶〉のかき氷を食べると決めてます。初めて慈げんに行ったときに食べたのが、〈抹茶〉だったから、それ以来、自分にとってのご褒美みたいなものです。

こんなに毎週通っていても、いまだに全メニューは制覇できていません。たぶん、一生かかっても制覇なんてできないんだと思います。それがまた、慈げんの魅力です。

食べ終わったら、店内の顔見知りの方たちにあいさつして、壁のメニューを写真に収めて帰る。そして、また1週間頑張ろうって思うんです。

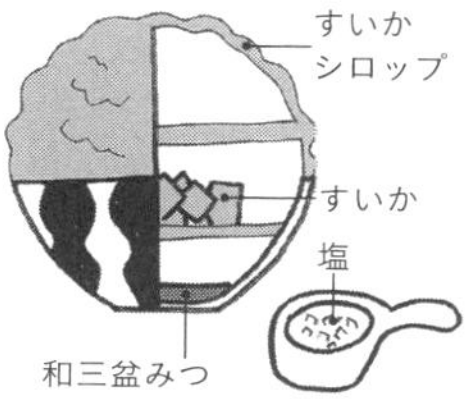

季節限定ものもレアもののも。「飽きさせない」が最大のおもてなし

「冷蔵庫はすいかだらけです。店主」

こんなツイートをした日は、ずいぶんと反響がありました。

夏になると登場するすいかのかき氷〈ザすいか〉は、なかなか難しい。よほど味が濃くて甘みのあるすいかでないと、かき氷には向かないし、どこか特定のブランドのものならいいかというと、そういうものでもありません。バナナやメロンなど、仕入れたあとに熟れるタイミングを待って使う果物は、まだ味の予想がつきやすいものです。けれど、すいかだけは包丁を入れてみるまで、味の良し悪しがわかりません。だから、いくつか買っておいて、冷蔵庫に入れておき、ひとつずつ試していくしかないのです。

まず、ひとつ切ってみて、ひとくち食べてみます。甘さが少ないものなら、かき氷には使えないので、スタッフのおやつに回ります。ふたつ目も切ってみる。これが当たりならいいけれど、これもダメだとなると心が折れます。

運よく甘さも味の濃さも十分なすいかに出会えた朝、その日のメニューとして出すことを決めます。なかったら、次の仕入れまで、メニューには出ない。すいか目当てで来るお客さんは多いけれど、出会えるか否かは、運でしかないのです。合格の確率が大きいのは、今のところ山形産の姫甘《ひめかん》泉《せん》という小玉のすいか。ぎゅっと味が濃縮されていて、食感もいい。

メニューに出すと決まったら、ひとつひとつ手作業でタネを取り出し、半分はシロップに、残り半分は、小さな角切りにしておき、かき氷の中に入れます。

ちなみにシロップは、すいかと和三盆と少しのレモンで作ります。火にかけると、いちごと同様に味が落ちてしまうので、生のままで。

メニューにすいかを見つけたお客さんは、「おっ！」という顔をしたり、

「やった！」と大げさに喜んだり。その後、実際にかき氷を前にして、再度うれしそうな顔をします。それは、見た目がまんますいか、だからです。

すいかのかき氷に使うガラスの器は、熊谷にある各務《かがみ》ガラスでこのためにオーダーしたもの。緑色のガラスにシマ模様が入って、すいかの表面そのものです。この上に丸く形作ったかき氷と真っ赤なすいかシロップを。氷の量はやや少なめで、飽きるギリギリ手前で食べ終わるようにします。お好みでふりかけられるよう、岩塩を別添えで。

食べていると、かき氷ということを忘れて、おいしい冷やしすいかを食べている感覚になるようです。その上、ふだんはすいかをあまりたくさん食べられないという方も、ペロリと平らげてしまいます。

お客さんの満足そうな顔を見るほど、作るほうもますます中途半端なことはできなくなります。笑顔を見ると、それを裏切ってはいけないと思い、自分で自分のハードルを上げているのかもしれません。

さらに希少なのは黄色いすいかを使ったかき氷で、これは年に1度出るか出ないかのラッキーアイテム。さて今年は…。

お正月氷直実

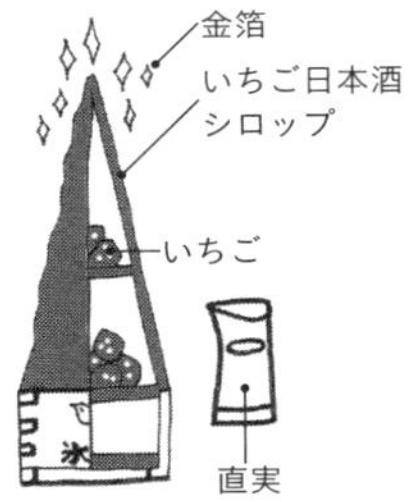

お正月氷鏡もち

年に1度だけ出るものには、すでに紹介したハロウィンやクリスマス、バレンタインなどのイベント氷がありますが、その中でもっとも期間の短いイベント氷が、〈お正月氷直実《なおざね》〉〈お正月氷鏡もち〉です。

熊谷の地酒「直実」を使い、一合升の上に高く氷をそびえ立たせた、めでたい一品。日本酒を混ぜたいちごシロップをかけているので、かき氷がピンク色をしていて、その上に金箔《きんぱく》をふりかけています。一年のうち正月の数日間だけの限定メニュー。これを食べることを「慈げん詣《もうで》」といって縁起物のように楽しんでくれる人もいます。本当にご利益があるかどうかは、わかりませんが。

さらに正月だけ、縁起物として奈良から取り寄せて使う氷があります。氷室神社のおひざもと、奈良の「日乃出製氷／大和氷室《やまとひむろ》」は、72時間以上かけて作り上げる純氷。いつも使っている熊谷の氷よりも味がかすかに柔らかく、口あたりもまろやか。シロップをかければ違いはさほどわかりませんが、1週間は「日乃出製氷／大和氷室」の招布《まねぎ》を掲げて、新年気分を

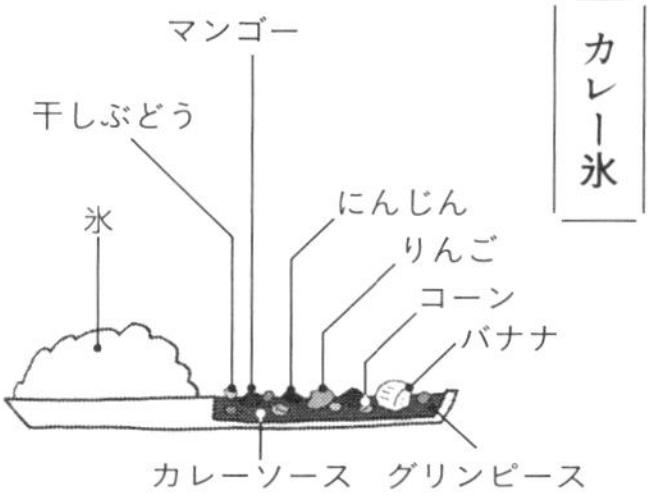

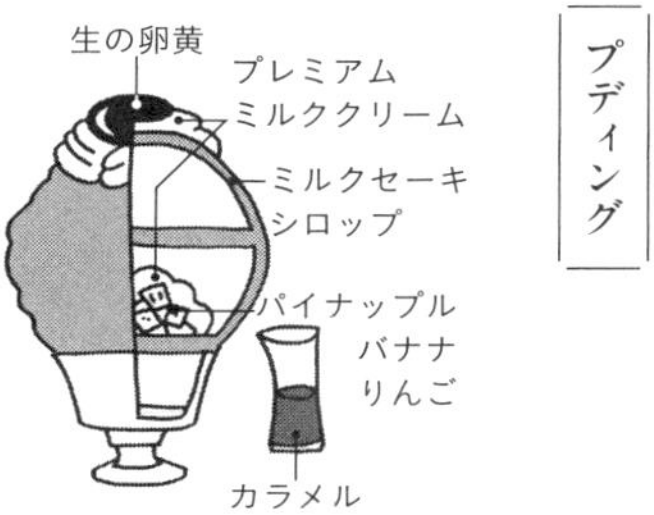

楽しみます。

さらに幻なのは、7月3日の開店記念日あたりから登場することもある〈カレー氷〉。平らな皿に豆や野菜を細かくして煮込んだカレーのルーと、ごはんの代わりに真っ白な氷。意外にもこの相性がよくて、1度食べると次の年が待ち遠しくなるようです。

こんなふうに季節感やその時期ごとの行事、ビジュアルを意識するのは、かつて茶道を習っていたことも、影響しているのかもしれません。

茶道では、二十四節気《にじゅうしせっき》それぞれの花や掛け軸、お菓子や茶わんが使われます。そこには、もてなしの気持ちと相手を飽きさせない配慮、そして常に新しい提案があります。お茶を飲むだけでなく、季節の変化を五感でたっぷり味わって、日常を豊かなものにしてくれる。

それに加えて〈プディング〉のように「サプライズがある」のが、うちのおもてなし。去年あった仕掛けが、今年もあるとは限りません。新しいサプライズも常に準備中。それが何かは、来店してのお楽しみ。

お正月氷直実

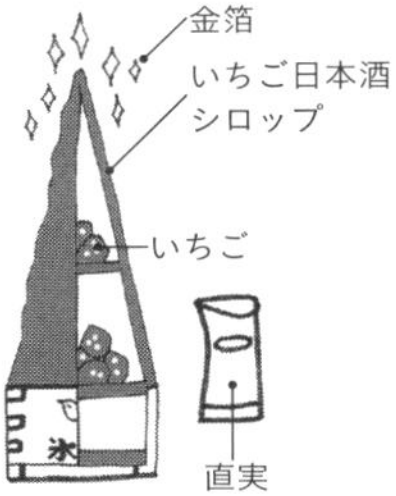

証言

「日本酒の升にかき氷を!? お正月氷は予想外のビジュアルインパクト」

（熊谷の地酒・酒蔵「権田酒造」権田《ごんだ》清志《きよし》）

「大吟醸を使ったお正月氷を作るから」と宇田川君から聞いて、熊谷産の大吟醸「直実」と、一合升をいくつか、慈げんに納めました。出来上がりはきれいな円すい形のかき氷が升から立ち上がっていました。正月らしく金箔ものっていて、華やかでインパクトありましたね。

お店はいつも大人気で、特にお正月は混んでいますから、〈お正月氷〉を食べるのはここのところ遠慮しています。

「直実」は、寒暖差の大きい熊谷の米と酵母、おいしい水を使ってできた、まろやかでうま味のある日本酒です。とはいえ宇田川君は、単に熊谷産だという理由だけで使うわけじゃないんです。

本当に気に入ったいい素材があって、それがいい商品になって、そこに人が集まればいい、という考え。結果、多くの人を幸せにしている。そこが、信用される理由なんだと思います。

じゃがいもコーン

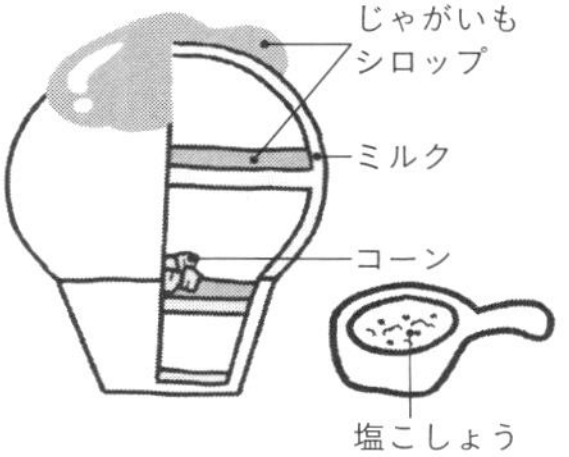

ミルクココア

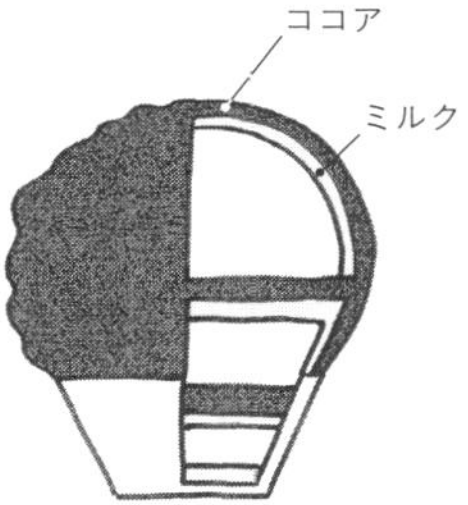

証言

「奥さんの『しょうがないんだから〜！』には、愛があるんです」

（熊谷の地酒・酒蔵「権田酒造」権田《ごんだ》幸子《ゆきこ》）

うちは夫婦そろって慈げんちゃんの大ファンです。私がいちばん好きなのは〈じゃがいもコーン〉、定番なら〈ミルクココア〉です。行けば迷ったすえ、選んで3〜4杯は楽しみます。なかでも〈桜〉や〈ザすいか〉は、毎年楽しみにしています。ひとり占めしたいけど、いろいろな人に食べていただきたくて、混み具合をみて行くようにしています。

10年前、マスターの〝鉄板を売っちゃった事件〟っていうのが、あったんですけどね。慈げんがかき氷を始めたとき、焼きそばに使っていた鉄板はもういらないと言って売っちゃったんですって。でも、やっぱりかき氷だけでは商売が大変だと言って、買い戻した。そのとたん、かき氷が売れ始めて、かき氷機を買い足さないといけない！となって、また鉄板を売ったんだそうです。

奥さんは、「しょうがないんだから〜！」って笑ってました。大変だった

桜

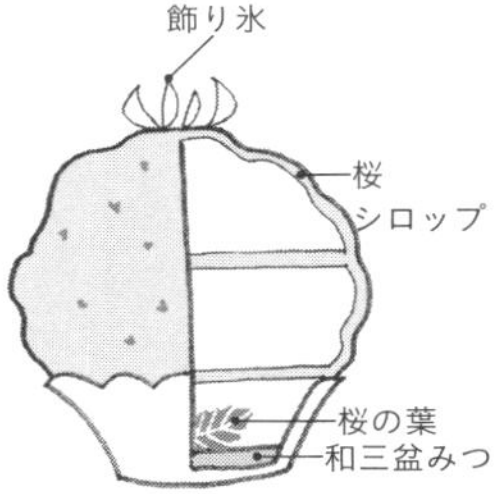

ザすいか

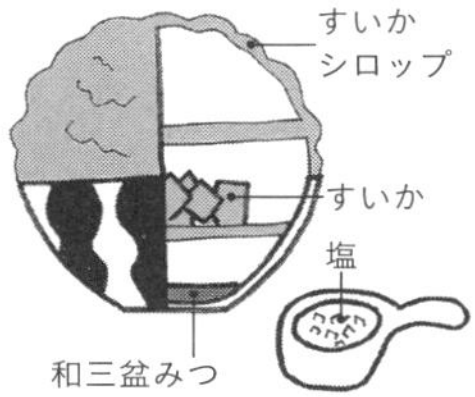

にちがいないのに、なんだか楽しそうに。

ほんと、慈げん夫婦は仲がいいんですよね。そして実際は、店を支えているのは奥さんの祥絵さんじゃないでしょうか。ふたりを見てると、そんな気がします。

行列の長さより、利益より、大事なのは、おひとりさまとリピーター

かき氷専門店になり、夏や週末だけだった行列が、平日も冬も、いつも途切れることがなくなったのは、その翌年あたり。

遠くから時間をかけて来てくれた人たちに、立ったまま並んで待ってもらうのは、申し訳ない思いでいっぱいでした。中には、いったいなん時になったら入れるのか、見込みが立たなくて食べられずに帰るお客さんもいました。

店の外にわずか数人だから待たないだろうと思って並んでも、1時間以上かかることもざら。リピーターが増えてきて、ひとりがなん杯も注文することがあたりまえになって、滞在時間が長くなり、次はいつ入れるのか、

店外からは予想がつきにくくなったのです。

ただ、リピーターが定着してくると、店側はその人がなん杯くらい食べるのか、早い人なのかゆっくりなのか、わかるようになります。それを踏まえて、何かいい方法がないか考えていました。

だれにとってもありがたくない行列は、ないほうがいいに決まっています。そこでいきついたのが、今の整理券方式です。


店先に着いたお客さんには、そのまま店外でお待ちいただきます。手がはなせる状況になりしだい、店主の私が出て行き、人数と希望する予約時間を聞く。予約の時間と人数を書いた整理券を渡し、かわりに一時預かり金（デポジット）をひとりあたり500円お預かり。これは、予約した時間に来店しないリスクを防ぐためで、入店時にお返しするものです。

この方法がいいのか、始めるときは戸惑いもありましたが、やってみれば整理券だけ受け取って予約時間に戻って来ない人や、冷やかしだけの人は、実際はほとんどいませんでした。面白いことに、マナーの悪い人が減ったのも事実です。

お客さんの中には、時間をかけて店先に着いたのに、整理券の配布が終わってしまい、がっくりと肩を落として帰る方もいました。それからは、残席状況はできるだけツイッターに載せて、早めに整理券が終わったときもお知らせしています。

おひとりのお客さんが多いこともあり、２０１９年は、おひとり用とふたり用以上の空き状況を、分けて表示することも始めてみました。運よく空席状況と時間が合えば、冬なら待たずにすぐ入れることもあります（あくまでも運がよければ。夏は厳しいですが）。

予約を埋めていくときは、人数だけでなく席の位置も考えます。ひとりでじっくり長居する人だとわかっていれば、カウンターでひとり向き合える時間を確保します。いつもファミリーで来てわいわい仲よく食べて帰るお客さんなら、出口に近いテーブル席を。

杯数が少ない人が続くと、人数は多めに入れるし、大食いが続けば当然人数は抑えておく。リピーターのお客さんであればこうした傾向がわかって、采配《さいはい》できるのがいいところなのです。

朝に整理券をもらいに来て、ファミレスやファストフード店で時間をつぶし、1~2時間後に戻ってくるのは、いちばん多いパターン。時間のある休日なら、夕方あたりの時間を予約して、それまで買い物したり映画を見たり、さらには足を延ばして川越《かわごえ》や秩父《ちちぶ》で観光してから戻って来るという人もいます。健康ランドでさっぱりしてから戻って来る人や、埼玉・群馬あたりの近隣のかき氷屋さんをはしごして来るというつわものも、ときどき。

『時間厳守で、お願いいたします』

整理券にそう赤字で書いているように、時間を守らないと、すぐキャンセル扱いになります。

お客さんたちもそれをわかっているので、たいていは予約時間の少し前には戻って来ます。そして入店は、いっぺんには行わず、前のお客さんが帰るのを待って、準備が整ってから、入り口にかけたチェーンを外して、ひと組ずつご案内。

お待たせしました。ゆっくりしていってね。

正直、初めて来る人にしてみたら、面倒くさいかもしれません。店に着いて「行列がない」と喜んだものの、整理券が終わってガッカリした人もいるでしょう。希望した時間に入れなくて、なん度目かで「やっと入れた」というお客さんの声もよく聞きます。

だからこそ、来てくれたひとりひとり、1杯ずつを大事にしたいと思います。

そして店に入ると、空席があるぞと、気づくかもしれません。びっちり席を埋めてしまっても、今度はスタッフのほうが回らなくなってしまうからです。

平日の入店者は70〜80人、週末で80〜100人。

席数が22席なので、回転率からいったらめちゃくちゃ悪いです。それに対して、スタッフは6〜8人。お客さんの数に対して、かなり多いといえます。作るのに手間がかかるメニューばかりだし、同時並行でシロップや果物の仕込みもあり、これでも実際は足りないくらいです。

さらには、材料にこだわるために、原価もかかる。原価率で4割もいってしまうのは、経営者失格かもしれません。

たとえばいつも使っているいちごも、クリスマス前になると仕入れ値段が3倍に跳ね上がります。うちではそれを1週間で200パックも使うので、原価に与える影響は大きくなります。かといって、みんなが楽しみにしているクリスマスやバレンタインの氷を、大きく値上げするわけにもいきません。

そもそもかき氷は、安く気軽に食べられたものです。それになん千円もの高い値段をつけることは、やりたくありません。

それでも、お祭りなどのかき氷と比べたら、ものすごく高いわけで、最初は、「えっ?」と思われても仕方ありません。

それが不思議なことに、1度食べると値段を気にせず頼むようになるらしいのです。ひとりで2杯、3杯食べたら、3000円や4000円は超えてしまいます。これはかなりの出費のはずです。

口に入ったものだけでなく、楽しい時間と空間に払ってくれたお金だと考えれば、ひとりひとり目を配れる範囲をしっかり守って、むやみに客数や席数を増やすことはできません。そして、1杯ずつがアミューズメントパークかというくらい、おいしいところ、楽しいところを凝縮して入れ込みます。

今では、冬なら8割、夏だと半分はリピーターが占める、ずいぶん特殊な店になりました。

うちの規模であれば、「千客万来」ならぬ「百客千来」といったところでしょうか。

店の帳簿を見た税理士さんは、

「もうかってませんねー」

とよく嘆きます。それでもいいんです。預金残高も見ません。お金ばかりを残したところで、人に対して何も残せないなら、虚無感だけで楽しくありませんから。

今日来たお客さんは、ときどき顔を見せる気のいいおにいさん。サンダル履きで頭にタオル巻いて、すっかり近所の人かと思ったら、長野から車で来ているって。

よく山形から来ているお客さんは、最近顔を見ないなと思ったら、どうやら雪がすごくて、かき氷どころじゃなかったらしい。よくまあ遠くから来てくれるなあと思いながら、そんなやりとりを楽しんでる自分がいます。

頑張って来てくれる人には、頑張って応えます。

大変な思いをして来てくれた人ほど、その後リピーターになってくれるのは、そんな気持ちが通じているのだと、信じたいです。

慈げん攻略法

一年間の混雑指数／一週間の混雑指数

	上旬	中旬	下旬
1月	100	45	50
2月	80	70	60
3月	80	85	50
4月	60	70	90
5月	100	80	80
6月	80	80	80
7月	80	90	100
8月	100	100	100
9月	100	100	80
10月	90	70	75
11月	60	50	50
12月	100	100	100

どの月も最終的には満席になります。ゴールデンウイーク、夏休み、クリスマス、正月は開店前に満席になる確率が高い。また月初は新メニューが出るため混雑ぎみ

	春	夏	秋	冬
水	70	100	60	90
木	70	100	60	90
金	60	100	50	80
土	100	100	100	100
日	100	100	100	100

祝休日と土日は一年中混雑しています。夏は平日も警報レベル。金曜日が少し余裕があります。もっとも余裕があるのは1月中旬下旬&11月の金曜日です。月・火曜日は定休日です

整理券の取り方

●決められた時間に店頭で整理券が配布されます。●ひとり500円のデポジット（一時預かり金）を支払います。入店時に返金されます。ひとりで4名分まで予約できます。●時間帯は自由に選べますが、後ろの人のためにも、予約時間は厳守してください。遅れるとキャンセル扱いになりデポジットは返金されません

（注）この表は目安です。臨時休業もありますので、ご来店の際は必ずTwitter「慈げんの業務連絡（@jigenkumagaya）」をご確認ください

忙しいときこそ次の手を考え、飽きられる前に新しいことを始める

慈げんには、支店がありません。ショッピングモールやイベントに出店する話もいただきますが、ほとんど断ってきました。自分の目がいき届く範囲でないと、この商売はできないからです。

ただ、自分の領域を守るだけでなく、ときにはその外側を見てみることも必要かもしれない。そう思ってのぞんだのが、百貨店での期間限定出店でした。

ところが、やってみれば想像以上に大変なことばかり。

初めての出店は2018年3月、東京の新宿高島屋「グルメのための味

百選」という催しのときでした。いつも熊谷に来ているお客さんが多数、駆けつけてくれたのはうれしかったのですが、杯数の制限もなく、待つ人の行列は長くなるいっぽう。そこに初めてのお客さんも加わって、3〜4時間というとんでもない待ち時間になってしまいました。

2日目はさらに人が膨れ上がり、開店前から殺気立つほど。これほどの混雑を予想していなかった百貨店側の対応も追いつかず、お客さんへの対応は後手に回ってしまいました。申し訳ない気持ちでいっぱいでした。

「コミケなみの混雑」

「なぜ、かき氷に行列が？」

などと言われた結果、ようやく4日目から整理券を配布し、2杯までの杯数制限をして、なんとか収拾がつきました。

注文数の予想がつかないので、シロップは多めに作っておくし、そうなると仕込みは深夜までかかります。ほとんど寝る時間のないまま、熊谷から始発で新宿に向かい、どの店よりも早くから準備を開始。それでやっと間に合うくらいでした。

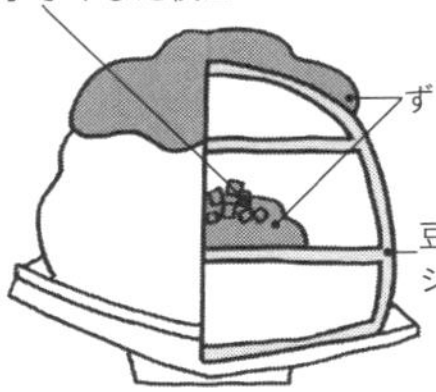

ずんだ豆乳

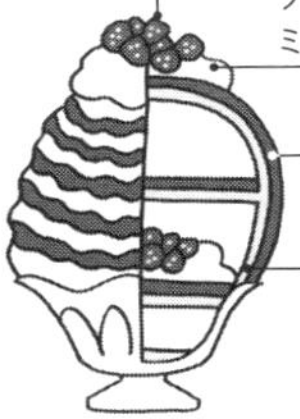

プレミアムミルクに生いちご

2度目の出店はそれから半年後。1度目のリベンジも兼ねて、整理券の配布方法、スタッフの配置、接客をする百貨店側のスタッフの増強など、万全の体制でのぞみました。

その結果、初回の出店の2倍の売り上げを記録。かき氷機6台を使って1日900杯が限界。それでも、慈げんにとっては最高記録でした。

お客さんのトラブルもなくなったし、スタッフのスキルもスピードも格段に上がりました。次に何をすべきか、何が必要なのか、スタッフが自分で考えて動けるようになったのは、何より大きな収穫でした。

その翌月、3度目の出店は埼玉県の大宮高島屋で。

作業は慣れても、思い通りにならないのが、初めての場所での室内の温度調整です。熊谷の店内は、かき氷を食べる用に30℃にまで上げているのですが、百貨店内の一角ではそうはいきません。残暑が厳しい秋、館内はキンキンに冷房が効いていて、吹き出し口に近い場所は20℃以下に下がります。ひざかけも常備していましたが、かき氷を食べているお客さんはやっぱり寒そう…。

黒みつあずきにきなこクリーム

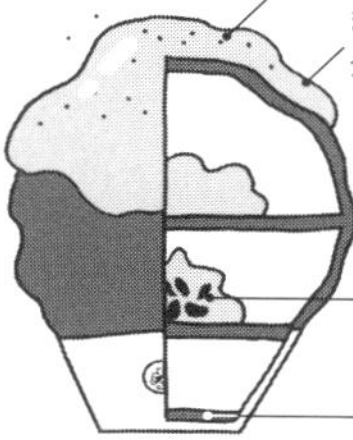

そこで百貨店とかけあい、エアコンの吹き出し口からの風が直接店内に向かないように調整。さらに、温風機を新たに2台運び込み、なんとか室温を上げることができました。

百貨店出店のときのメニューは、絞りに絞って10種類程度。初めて食べる人や1杯だけのお客さんも多いことを予想して、多くの人が満足できるものを厳選しつつ、そこに〈ずんだ豆乳〉などマニアックなものをいくつか加えました。予想どおり、春なら〈プレミアムミルクに生いちご〉、秋なら〈黒みつあずきにきなこクリーム〉など、慈げんの定番ものが人気でしたが、かき氷には珍しいエスプーマをのせたものも意外とヒットしました。エスプーマは泡状のムースで、ミルクココアやゆずのエスプーマなど、多いときは4種類スタンバイしておきました。

時間がない人のために、テイクアウトメニューも常時3～4種類用意。こちらもエスプーマなど、特徴のあるかき氷などをラインナップ。「エスプーマ」の文字に「？」という顔をするお客さんもいましたが、食べてみれば、クリームとは違う軽やかな口あたりに驚いて、ものすごい早さで食べきってしまう人が多かったようです。

そのせいなのか、1日の中で2度3度と整理券を取りに来る方もいて、閉店時間までずっと忙しさは続きました。

顔なじみのリピーターが来てくれることはもちろん、初めて慈げんを知ってかき氷にハマる人もいるのは、うれしいこと。どうしてかき氷にこんなに人が集まっているのか、不思議そうな顔をして通りすぎる人もたくさんいました。それも、百貨店での出店ならではの光景です。

2019年春、「大規模な出店は4回目のこれが最後」と宣言し、新宿髙島屋での「グルメのための味百選」が始まりました。最後と宣言したのは、2年以上にわたって削りの主力となってきたふたりのスタッフが卒業することがひとつ。もうひとつは、これまで3回出店してきて、お客さんのほうも慣れてしまったのではないか、ということ。

お客さんにとって新鮮さがなくなったら、次の手を考えなくてはいけません。まあ、お客さんより自分のほうが飽きてしまって、新しいことをしたくなる、というのが先かもしれないけど。

たまに、忙しさを理由に次の展開を考えることを怠る自分に気がつくと、ぞっと怖くなることがあるのです。たくさんお客さんが来てくれることはうれしいけれど、その忙しさで頑張ってる感を満足させてしまったら、そこから進歩はなくなってしまいます。

だから、どんなに忙しくても、百貨店出店後の慈げんの姿は、いつも考えていました。削り手が少なくなっても回るくらいに、メニュー数を減らし、その代わり、何か新しいチャレンジを加える。そのチャレンジは…、麺類かもしれないし、ごはんものかもしれないし。または、何か違うスイーツもいくつか頭の中には浮かんでいるけれど…。

もうしばらく温めて、どこかでパッとお披露目する日まで。

それは明日なのか、1か月後なのか。店主の気分ということで、お許しください。

証言

「削りながら考え、体で覚える。次はそれを自分の店で実践する番です」

（慈げん元スタッフ・たま）

あのときは、めちゃくちゃ勉強になりました。2018年、百貨店での出店は全員が初めてで、とにかく人手が足りなくて、体も頭もフル回転。ひたすら削り続けながら、どうしたらもっと早くできるか、どうしたらすき間の時間で次の準備ができるか、自分で見つけていった感じです。

私、もともと覚えが遅くて、最初はメニュー名も長くて呪文《じゅもん》みたいって思っていたくらいで。百貨店での出店中は戦場だったけど、マスターも奥さんも仕込みで寝てなかったから、私ができないとか、キツいなんて、言ってられませんでした。それより、マスターと奥さんが倒れてしまわないか心配で、心配で。

私のほうは、体は大丈夫です。長くやっていると、同業者では腰を痛める人もいるようですが、削る台の高さをマスターが調整してくれて、背が高い私でもかがまずに削れます。削る様子はお客さんからも見えるので、背筋を伸ばしてきれいな姿勢のほうがいいですからね。

慈げんではほかにもたくさんのことを学びました。最初のころの自分は、あまりにポンコツで思い出したくないですが（笑）、あたりまえのことをちゃんとする大切さは、いちばんしみました。整理整頓、ゴミを拾う、あいさつをちゃんとする。そしてやっぱり結局は人柄がものをいうということも。

学んだことを生かして、いつか自分の店を持つことが私の目標です。慈げんのような果物系もいいけど、私的にはコーラやソーダみたいなジャンク系もいいなと。それを組み合わせて出したらどうだろう、なんて。そして若いお客さんのために、安めでテイクアウトもできて。

マスターは「好きにやっていいよ」と言いますが、このアイデアを話したら、なんて言われるかな…。

上達への近道は、自分で考え体で覚えること。身につけば、一生ものになる

65歳までは頑張るけど、そのあとはバトンタッチするからね。店でかき氷を作る次男に、ときどきそう話します。この店で働けとか、継いでほしいとか、一度も言ったことはないけれど、いつしか本人もそう腹をくくって、いや観念しているようです。

これまで親として教えてきたことは、「人に迷惑をかけない」だけ。そして店主として教えてきたことといえば、「気を抜いたら、その時点で負け」ということくらい。かき氷やシロップの作り方、まして店の経営について、細かく伝えることはありません。

新しいメニューが始まるときは、私の頭の中にある味と形をまず言葉で

ザみかんに金柑

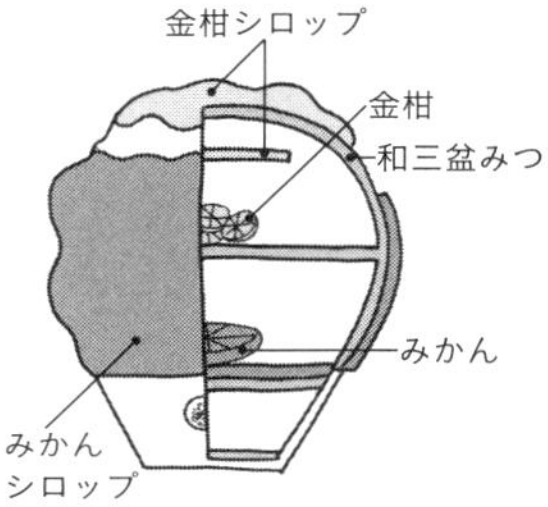

伝えます。たとえば、

「金柑とみかんを使って、新しいシロップを作ってみて。形は〜」

それだけで、あとは次男の仕事です。

金柑のシロップとみかんをどれくらいの比率で合わせるか、シロップの固さはどのあたりがちょうどいいか、食べやすいのはどんな形か…。

まずは試しに作らせてみますが、当然一度でイメージするものができることはありません。実際に味見してみれば、途中で味の変化が欲しくなったり、違うシロップをはさんだりしたほうがいいこともわかります。そこで初めて、絵に書き起こしてみたり、加える具材を私から提案したりして、修正していきます。こうして〈ザみかんに金柑〉がメニューに並びます。

それを何かに残すことはせず、また翌日に記憶をたどりながら、次男に同じものを再現させます。前日と素材の甘さが違えば微修正し、いざ店頭に出せばお客さんの反応を見て量や形の調整をして…。そうしているうちにまた、違うメニューが登場し、考えて、形にして、修正して。その繰り返しです。

写真や絵でお手本を飾っておけばいいかというと、それはしたくありません。人のものをコピーしたり、自分で考えることを省いたりしたら、身につかないし、ほかのメニューへの応用がききません。

また、「ここまでできれば一人前」という基準も明確にありません。なん年もやっている息子だって、その形と大きさで完ぺき！って言える仕上がりは、週にひとつかふたつ。わずか数ミリ大きくても、小さくても、ダメなんです。

経営者の中には、「若手に厳しい仕事をさせると続かない」「今の人は飽きやすい」と嘆く人が多くいます。働き手側が自分で予測できる程度の仕事内容なら、そうなっても仕方ないでしょう。簡単な仕事ばかりで、それも手取り足取り教えるなら、すぐにできても、またすぐに飽きるでしょう。

うちだったら、どんどん新しいメニューを覚えないといけないし、その日のコンディションで考えながら調整しなくちゃならないことは多いし、いつも課題が山積みです。飽きる間もありません。

自分で考えるのは、かき氷を作ることだけではありません。特にうるさく言うのが、時間の使い方。ひとつのメニューを仕上げるとき、仕込みをするとき、掃除をするとき。どうやったら手早く、きれいに仕上げることができるか。

仕込みの時間が足りないなら機械を使うことを考えてみる。うまくいかないなら、順番を考え直してみる。ベテランスタッフであろうと、入ったばかりのアルバイトでも同じです。

ただしこの場合も、教えられたものではなく、自分で考えて手を動かして体得することが必要です。煮る時間、ろ過する時間など、おいしくつくるために省くことのできない手間と時間もあります。それを見分けながら、ときには失敗しながら、見えてくる不要なことを、少しずつ削り取っていく。そこまでいくと、作業姿は凜としてとても美しくなるものです。もう口をはさむことはありません。

ただし、掃除に関してだけは細かく口を出します。厨房が汚れていたり、店内にゴミが落ちていたりしたら怒るし、それに気づかないようなら、接客業は失格です。それができずに、ほかの仕事ができるはずがありませんから。だれも気づかないでしばらく放置されようものなら、無言でゴミ箱をけ飛ばすこともあります。

3月、ふたりのスタッフが卒業しましたが、こんなふうにけっこう負荷をかけながら、細かいこと、難しいことをやらせてきました。ただ、いったん「考える」くせができて、体で覚えたことが蓄積されたあとは、それぞれの工夫を加えて好きにやっていいよと、伝えています。

今後どんな店をつくり、どんなかき氷を出すかも、本人たちの自由です。

後任のスタッフの募集は、

「男子はお休み中！」

と出しているように、店内のバランスからいうと女性のほうがいいと思っています。女性客が多い慈げんでは、店主の自分と厨房で働く次男と、すでにふたり男性がいるので、これ以上はむさ苦しくなりますから。

さて、息子に店をバトンタッチする予定の65歳まで、あと5年。まだまだ息子にはたくさん考えてほしいいし、大変な思いをしながらもついてきてほしい。基礎は8年の間にできてきたので、あとはそれをどう応用させて自分の味を出していくか。

近づきすぎず、離れすぎず、見守っていくつもりです。

証言

「朝5時から仕込みをする生活を8年。家より店にいるけど、居心地がいいんです」

（慈げんスタッフ・次男・宇田川慧士）

小学生のとき、父の見よう見まねで注文を取る手伝いを始めて、18歳からは本格的にかき氷作りを始めました。

それから約8年、朝4時半に起きて、5時には仕込みを始める生活もあたりまえになりました。夕方にお客さんが引けてきたら、また夜まで仕込み。家より店にいる時間が長いですけど、店はけっこう居心地がいいんです。

今、シロップを作るのは主に私の仕事です。父からレシピは受け継いでいませんが、自分なりのメモは取ってあります。でも、実際の作り方はいつも変化しているので、メモを見返すことは少ないですけど。

父はいつも、「何かのまねをするのではなく、どこにもないものを作れ」「いちばんになれ」と言います。そのために何か具体的なことを教えることはなく、ただ日々の試行錯誤を繰り返す。地道なことですが、それがいちばん大事なのだと思います。

それだけに、作ったシロップの甘さや粘度がピタリとキマると、「これだ！」ってうれしくなります。そして、お客さんが私の姿を見つけて「おいしかったよ！」と声をかけてくれると、さらにうれしい。それが働く原動力になっています。

父であるマスターも、きっと同じだと思います。だから手は抜かないし、こだわりは強い。それを長く続けているのは、すごいなと感心させられます。

でもそれ以上にすごいと思うのは、お客さんみなさんがかき氷をなん杯もおかわりすること（笑）。

無理はするのがあたりまえ。席数を減らしても、目の届くサービスを

古くなった最初の店から、今の場所に越してきて、ちょうど1年。ほんの5分ほどの距離ですが、環境はずいぶん変わりました。

大通りに面したこの物件は、これまで喫茶店にカレー屋、パスタ屋、ファミリー食堂など、さまざまな飲食店が商売をしてきた場所。席数は50席前後。周囲にはオフィスや住宅も多く、商売に向かない場所ではないのに、なぜかどの店も、長くは続きませんでした。

確かに、これでは無理かもしれないな。

そう思った理由は、50席の広さに対して、これまでの店はスタッフ2～3人で切り盛りしていたこと。きっと、人手不足もあったかもしれません。

家賃や原価のことを考えたら、それくらい席数を確保しないと、と考えたのかもしれません。作る手間のかからない料理だとしても、十分なサービスは難しかったでしょう。でも、それでうまくいかなかったのであれば、同じことをしなければいいだけ。席数を減らして目の届くサービスをすればいいと思ったのです。改善点がわかったとたん、「イケる」と感じました。

居抜きで借りた物件は、大きく手を加えることはしませんでした。ただ、席数は20〜24席ほどに大幅削減。テーブルの間隔を広めにとって、奥は席をつくらず仕切りを設けて、材料や使わない道具などを置くスペースに改良しました。

20〜24席の根拠は、一度に入れるスタッフの人数が最大で9人、氷をかく機械が3台ということから考えて、これが限度。シフトの都合でスタッフの人数が少ないときは、テーブルの配置を変えて、さらに席数を少なくして営業します。店内の広さありきではなく、あくまでも提供できるサービスの質と量が基準です。

もうけることではなく、お客さんに満足していただくことを優先すると、店のほうも気が引き締まります。メニューが多くてお客さんが食べたいものをガマンしているなら、次に来てくれたとき、その期待を裏切らないように努力しないと、と思います。店を出ても慈げんのことを考えてくれているなら、こっちも自分の時間を削って、お客さんのことを考えようと思います。

その基準は、自分自身が満足するところまで。疲れたなんて言っていられません。

働く時間・考えている時間は長いですが、意外と体は慣れるものです。極端なピークや混雑のリズムにムラがあるよりも、同じペースで長い時間立っているほうが、疲れは少ないような気がします。

寒い屋外と、暖かい店の中との出入りが多いと、たまに体がこたえるものの、これも慣れでなんとか乗り切れます。それよりも、

「せっかく来たのに、マスターがいなかった」

と言われると申し訳なくて、まだまだ頑張らないと、と思います。

だから、家族にもよく言うんです。
自営業は無理して働いてあたりまえ。
ブラックな職場で、悪かったね（笑）。

こういう仕事の仕方は、今どきの働き方改革とは逆行するのかもしれません。

でも、自分が何で満足するかは、人が決めることではなくて、自分にしかわからないこと。自己満足でもいいんです。働き方はひとりひとり違ってあたりまえ。時間を短くして、家族と過ごす時間を大事にしたい人を否定しないし、自分で選べばいいだけです。

ただし、「やりたいこと」があることが大前提。やりたいことのために、何かをガマンしたり、無理をしたりするのは、社会に出れば当然のことですから。

それよりもつらいのは、「やりたいこと」が見つからないことではないでしょうか。

私の経験から言えば、「やりたいこと」は無理して見つけるものではなくて、そのときどき、年相応に、出てくるものだと思います。見つからない期間は、すごく不安だし、焦ることもあるでしょう。でも、じっくり待つことさえできれば、きっと出てくる。

思えば、私にも10年ごとに違う「やりたいこと」が出てきて、それに突き動かされてここまできたような気がします。先のことは考えなかったけれど、それもよかったのかもしれません。そして次の10年はまた違うことをしているかもしれません。そう考えると、楽しみも増えるというものです。

これまでにどんな「やりたいこと」を経てきたのかは、このあとにお話しするとして、最近浮かんでいることをひとつ紹介すると。

かき氷屋もいいけど、ラーメンかチーズケーキのどっちかをやってみたいということ。

ひとりで来るお客さんが多いから、かき氷は出しつつも、夜だけラーメンも作る。働く時間が夜までとなると、長丁場なので、昼間に1～2時間休憩をはさむ。やってみてダメなら、すぐにやめればいい。

もしやるとしたら、ひとりで来るお客さんのために、カウンターを増やしたほうがよさそうだ。インテリアは…。

浮かんだことが、今やっていることの延長でも、まったく違うものでも、どちらもありだと思います。どちらかというと、私の「10年ごと」も違うことに飛び火しながら、ここまできました。そうしながら、70歳くらいまで働いていけたら、楽しいだろうなと思います。貯金は増えていないかもしれませんが。

ただ、考えることをやめたらいけないし、いつもやりたいことを探し続けることも、やめてはいけない。

結局、今日も寝るのが朝方です。でも、やりたいことができないストレスに比べたら、大したことないんですよ。

ザ金柑

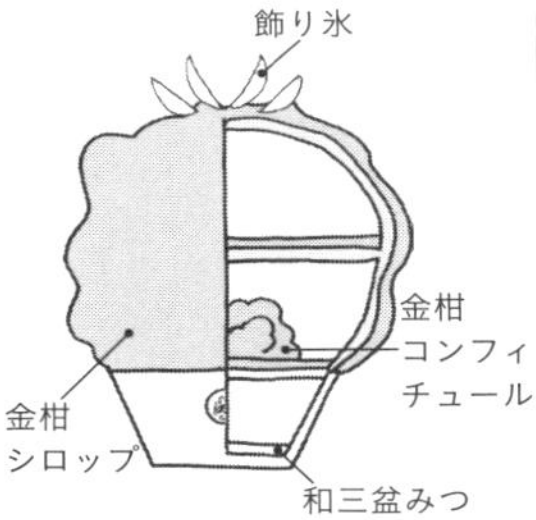

証言

「1分1秒すべてが勉強。目指すは、遠くから来てもらえる店づくり」

（慈げん元スタッフ・「みこや」店主・御子柴妃富《みこしばひとみ》）

いつか、夫婦でかき氷屋さんをやりたい。それが私の夢で、家でもよく自分なりのかき氷を作っていました。たまたま見ていたインスタで、慈げんには全国からファンが集まると知り、その人気の理由が知りたくて、千葉県の四街道《よつかいどう》市から片道3時間かけて食べに行ったのが、2年前のこと。

最初に食べたのは、〈ザ金柑〉のかき氷でした。その味わい深さに感動して、すぐにまた食べに行って、氷やシロップについて、マスターにいろいろ質問したんです。

するとマスターは、「これ見て、どこが悪いかわかる?」「氷の温度はね…」と、クイズみたいに投げかけてくれて。もっと教えてもらいたくて、交通費はいらないから働かせてもらいたいと、志願しました。

初めは往復6時間使って通っていたけれど、さすがにキツくなって、仕事のある日は熊谷のビジネスホテルから通うことにしました。店の定休日だけ千葉の家に帰りますが、いつの間にか小学生の息子に身長を追い抜かれたのは、ぐっときちゃいました。夫は主夫をしながら応援してくれて、ママ友たちも、修業前から全力で応援してたくさん助けてくれて。そうなると、1分1秒もムダにできないと、ますます身が引き締まりました。

やってみてわかったのは、慈げんのかき氷はシンプルで、引き算によっておいしさが成り立っているということ。それでいて、味に華やかさがあって、どんどん攻めている。マスターと働く時間すべてが勉強でした。

自分の店は2019年5月にオープン。看板メニューは、千葉の名産品ピーナツを使ったかき氷です。店名は、マスターにつけてもらった「みこや」。

そして目指すは、慈げんのように遠くからもたくさんの人に来てもらえる店。氷を削る人の姿をかっこいいなと思ってもらえたら、うれしいです。

第5章

慈げんはどうやってできたの？

小学生でなりたかったのは大工。手先が器用な子どもでした

さて、そろそろ店主である私自身の話を。

生まれたのは1959年、東京の両国《りょうごく》。1歳で両親が離婚して、そのあとは祖母のいる埼玉・熊谷に住むようになりました。

祖母はそこで古くから八百屋を営んでいました。木箱や段ボールを店先に並べ、数十円で野菜や果物を売って。そこは子どものころの遊び場で、バナナやりんごをよく盗んで、いや、もらってきて、食べていたものです。それを見つけた婆《ばあ》ちゃんにときどき怒られることもあったけど、優しかった記憶のほうが大きいでしょうか。

祖母といる時間が多かったのは、母がそのころ小料理店を始め、夜も仕

事でいなかったから。寂しいということはそれほどなく、ふたりの弟と一緒に遊んだり、夕食や弁当を作ったり。どれも嫌ではなかったし、料理は子どもながらに楽しんでやっていました。

小学生のころになりたかったのは大工。

紙や木材で家や橋、おもちゃを作るのが大好きで、図工の授業はいちばんの楽しみでした。そして課題が出れば、人より凝ったもの・大きいものを作って、先生を驚かせたり。図工の授業で木の橋を作ったとき、だれよりも大きくて立派な橋を目指したら、授業時間内で終わらなくて、居残って作っていたのを覚えています。

凝り始めたら、とことんやる。このころもう始まっていたのかもしれません。

中学・高校では野球部に入って、それからは毎日が厳しい練習の連続。

でも、なんだろう。汗は流しているけど、野球が好きではあるけど、やりたいことが特にないという、ふわっとした感覚。自分はどこに進むんだろう。何がしたいんだろう。そう思いながら、進路も決めることができませんでした。

決められないまま、高校卒業と同時に、自動車会社にいた叔父の紹介で、車の整備工場に就職。手先を使って物を作るのが好きなら、きっと合うと、叔父は思ったのでしょう。

確かに、たいていの作業はすぐに覚えられたし、修理の作業は自分に合っていたと思います。そうなると、もっと難しいこと、新しいことをやりたくなる。けれど、できることが増えるたび、なんとなく未来の道すじが見えたように思えて、しっくりこない気持ちがありました。

かといって、そのときもまだ、何をやりたいのか自分でもわからない。そんな状態が続いていたある日。

仕事のあとに友だちと会ったとき、彼が「自衛隊に応募しようと思う」と言い出したのです。自動車整備工場で1年働いたし、じゃあ自分も応募してみようか。軽い気持ちで陸上自衛隊に書類を送りました。

どこか遠い土地で、これまでと違う環境で、新しい生活をしてみたいという思いもあったのは事実です。できるなら北海道か沖縄で。でも、合格して配属されたのは静岡県の御殿場《ごてんば》市にある駒門《こまかど》駐屯地でした。人生、思うようにいかないものですね。それでも、育った場所から離れて、再スタートを切れるのは、これまでにない楽しみでした。

ちなみに言い出した友人のほうは、結局応募しなかったそうです。

配属された駐屯地の戦車大隊でひたすら訓練すること6年。その間にやりたいことが見つかればいいと思いながら、ずいぶんと鍛えられました。

初めは、戦車の主砲に弾薬を装填する装填手という役割から。密閉走行する暑い戦車の中で戦闘服を着て、大きな弾を抱えて、戦車乗りの中でも重労働な役割。でも、体力は自信がありました。

訓練の中でも、歩兵として銃を持って走るような持久走は、特に向いていたと思います。

持久走と並んで陸上自衛隊の戦技として一般的だったのが、銃剣道という競技でした。体力を見込まれたのか、なんなのか、銃剣道の選手として選抜され、その後の自衛隊生活の多くを、この競技のために使うことになったのです。

銃剣道は、剣道のような防具をつけ、竹刀の代わりに木銃《もくじゅう》で相手と突き合う競技。剣道のように叩《たた》くのではなく、「突き」だけで勝負をするというシンプルさはあるものの、攻撃の正確さが必要とされるので、集中力が求められます。

毎日の練習はもちろん、国体前には合宿で朝から晩までけいこ。そしてこれが、戦車より何よりキツかった。自分にとっては相当キツかった中高の野球部のことが、遊びに思えたくらいです。

ここで初めてやる気を出すものを見つけたのです。

銃剣道では、練習に手を抜くことはなかったし、数々の試合でも負けたのは10回に1回程度。格上の相手とは引き分けになったこともあるけれど、「負けない」試合をするのは、得意とするところでした。

ただし、気を抜かなければ。

敵がたとえ格下であっても、気が緩んだ瞬間に突かれてしまうのが、銃剣道なのです。

25歳のとき。全日本青少年銃剣道大会の個人戦、2回戦でのこと。試合が始まり少したって、「勝てるな」と思う瞬間があったのです。するとその瞬間に足がすべり、一本取られて負けてしまいました。相手や上位の人には練習試合をふくめ、負けたことがなかったのに。今でもそのときのことが、脳裏をよぎります。

勝負は気持ちで決まるということを思い知ったのです。自衛隊というところは、2位になって喜ぶヤツはいなくて、これが戦場だったら1位以外は生き残っていないと考えます。このことは、現在の布石か戒めだと思っています。

そして、相手を観察する力と心の勉強が求められます。たとえで、ライオンでさえうさぎを倒すのに全力でかかるというけれど、それを忘れてはいけないのです。

それからは、吉川英治の小説『宮本武蔵』を読んで勝ちに行く姿勢を学んだり、母から譲り受けた本で物事をフラットに考える方法をインプットしたり。もちろん、毎日、だれよりも練習を重ねました。

試合では、まず相手をじっくり観察して弱点を見つけ、そこを最初からがんがん突いていく。そうすると、負ける気がしなくなってくるけれど、勝ちの結果が出るまでは、攻めの姿勢を貫く。

「負ける気がしない」というのは大事で、決しておごることではなく、その気持ちを継続させるために自分を追い立てるという、ひとつの戦法といえます。

「お前、なんでそんなに負けないんだ」

ライバル選手からそう聞かれたときも、「負ける気がしないから」と答えていました。

そのころ、実はもうひとつ、自衛隊仲間のだれにも負けないことが、自分の中でありました。

ファッションへの関心です。

自衛隊に入って少したったころの80年代は、ＤＣブランド最盛期。コムデギャルソンやニコルのスーツ、イッセイミヤケのモードなジャンプスーツなどに、当時の給料をつぎ込み、ヘアはテクノっぽい刈り上げ。自分のおしゃれを貫いていました。違う部隊からは「なんて格好してるんだ！」と怒鳴られたこともありました。

ちなみに、そのころ銃剣道の道具さえも、支給されるものが使い勝手が悪くて使いたくないからと、自腹で防具を選んで使っていました。こだわり出したら、とことん突き詰めてしまうのです。

同期の仲間は、自衛隊の寮にいる間に貯金をして、その後転職する人が多かったけど、私だけは貯金ゼロ。かなり異色の存在でした。

ファッション雑誌は『ＰＯＰＥＹＥ《ポパイ》』も『ＢＲＵＴＵＳ《ブルータス》』も、さらには『ａｎ《アン》・ａｎ《アン》』まで、寮の部屋でくまなく読んでいたし、寮のロッカーに服が入りきらず、近くにトランクルームのような小さな部屋を借りて、収納していました。

もちろん、訓練の毎日ではその服を着ることはありません。訓練が休みの週末になると、思い切りおしゃれして、新宿や渋谷に出て、買い物をしたりディスコに行ったりするんです。

そうした遊びは楽しかったのですが、自衛隊を6年続け、次に陸曹という階級に上がるころになって、「何をやりたいのか」にもう一度、ぶち当たりました。

高校卒業のときと同じように、これといって思い浮かぶものはなかったのが、正直なところです。同じ年のだれよりも訓練では強かったし、銃剣道でも負けない闘いができる自負もありました。

けれど、段階を踏んで昇格していくステップが見えたとたん、そのどれにも興味がなくなってしまったのです。

先が見えることをするより、好きなことをやろう。

ならば、好きな服を仕事にしよう。

雑誌も読みまくり、販売員（そのころはハウスマヌカンと呼ばれていました）とたくさん話して、服の知識もついていたから、なんとかなるだろうという、これまた自信のようなものが後押ししました。

富士市のクックというアパレル会社に入社し、販売代行として沼津のマルイで働くことに。今の慈げんの半分はこの会社での経験がいかされていると言っても言いすぎではありません。

もちろん自衛隊では、最後の最後まで引き止めてもらえましたが、やるだけのことはやったので、未練はありません。

男ばかりの自衛隊から、女性ばかりのファッション業界に。ヤバいというか、青天の霹靂《へきれき》というか。研修初日、研修室のドアを開けたとたん、全員がこのゴツめの男に驚きの視線を向けたときは、そう思いました。

でも、一度飛び込んでしまえば、男ばかりでも女ばかりでも、やるべき仕事をしっかりやるだけ。掃除から事務作業まで、やることはすべて率先してやったし、ツンとして見えるハウスマヌカンだって、一度話せば普通の人。こちらが壁をつくらなければ、いいだけのことです。

さらに、銃剣道で身についた駆け引きもそこで生きてくるとは。人生でムダな経験はないといいますが、どうやら本当のようです。

自衛隊の戦車乗りからアパレルへ１８０度の方向転換

ひたすら戦車乗りの訓練と銃剣道の練習ばかりしていた日々から、服を売る接客へ、１８０度の方向転換です。

接客の研修はひと通り受けましたが、お客さんに商品をあれこれ説明するやり方は、どうも自分には合いません。お客さんにとってのベストは、好きなもの、自分が似合うと思うもの。接客はそれを導くだけだと気づいたのです。

服選びをお客さんに相談されたら、着ていく場所や目的だけ聞いて、いくつか絞って提案します。たとえばパーティーにつけていくネクタイなら、ブラックと赤いのと花柄と、３つおすすめですけど、どれがいいですか？

と疑問を投げかける。そして、最後にはお客さんに選んでもらうスタイルです。

相手の出方をじっと見ながら、どこを突けば攻略できるのか。銃剣道での「負けない」戦い方は、自分の中に染みついていました。

さらに、買っていただくためには「共感」が大事。お客さんが迷っていたら、「どちらがお好きですか？」「どういうものに合わせますか？」と、質問しながら、答えを絞っていく。べたべた親しくすることでもなく、選択肢が当てずっぽうでもダメ。お客さんからしたら「わかってくれてる」と思わせるようなものでなくてはなりません。

そこはもう、自分の対応力をひたすら大きくするしかなくて、自衛隊のときからいつも、人の心を読みながら闘っているような、そんな主人公の小説を読んでいました。

ここまでくると、だれもが接客のためにやっているテクニックではなく、ずいぶん偏った独自のやり方です。

あるときは、ロバート・B・パーカーが書く私立探偵スペンサーシリーズから。またあるときは、生島治郎《いくしまじろう》や北方謙三《きたかたけんぞう》のハードボイルド小説で。登場人物たちの、悪人に対しては徹底的にやり込めるけど、立場や人種で差別することはなく、ときには優しく人に寄り添う姿。そこから多くのことを学びました。

どれもがすぐ役立つわけではないけれど、自分の中に確実に蓄積されている、生き方のお手本。その後なん度も引っ越しを重ねてきましたが、どのシリーズも大切に取ってあって、いつか仕事を引退して時間ができたら、もう一度読み返したいものばかりです。

当時の店員は、よほどモデルのような女の子でない限り、やっぱり販売のスキルがものをいいます。その中で、私のような男性が、いつもトップの成績をキープできて、ことあるごとに表彰もされてきました。

時間があれば、服のことはもちろんお客さんのことを勉強していたし、寝る間を惜しんで本も読み続けて。服を売るのに、季節のイベントをどう仕掛けようか、どうお客さんに喜んでもらおうか、いつもいつも考えていました。そうやって考えることが仕事の成果になって表れるのが、楽しかったのです。

もちろん、ほかのハウスマヌカンたちにしてみたら、その背景に、銃剣道とハードボイルドの精神があるとは、思ってもみなかったでしょうね。

そして、ここまで読んで気づいた方もいるかもしれませんが、このころ身につけた「共感を得る」ことは、現在の慈げんでも大事にしていること。接客の根本です。

「なんとかなるでしょ」の精神で夫婦の小料理店をオープン

アパレルの販売を10年続け、世の中ではDCブランドの勢いも落ち着いてきたころ。次の仕事のことを考え始めました。ファッションはひと通りやって、次は…といっても、またもやりたいことが浮かばない。

販売員をやっている間に、30歳で結婚をしたものの、その先のことはほとんど考えていなかったのです。ふたりそろって、「なんとかなるでしょ」と。

でも、この楽天的なところこそが、その後の家庭には不可欠でした。

出会ったとき、妻はアパレル会社の社員で私がその販売員。研修で一緒になったり、ショップ内で話をしたりするうち、自然のなりゆきでつきあい、結婚。照れてそう言っているわけでもなく、本当です。

なんでも気の向くままに行動し、好きなことにはお金をつぎ込んでしまう自分の性分は、普通の女性は「大変」と思うようで。それでも、いつも近くにいたのが現在の妻です。

結婚してから、ふたりの息子もでき、私の地元・熊谷に戻りました。子どもを育てながら、妻はパートで服の販売の仕事を、私はタクシーの運転手を。そうしながら、これからやるべきことをさぐっていました。不思議と先々の不安はありませんでした。

なんとかなるでしょ。

妻が勤めるデパートのすぐそばに、一軒家が安く借りられるという話を聞いて、見に行ったのは、２０００年のことでした。

物件は築90年以上の木造二階建てで、家賃は当時６万円。当然ものすごく古いし、よく見れば斜めに傾いていたけど、安さと立地が魅力でした。

思いついたのは、そこで郷土料理のフライ屋をやるという構想でした。

母親が小料理店をやっていたということもあるし、自分でも昔からひと通りの料理は作ってきたので、やろうと思えば店はできる自信はありました。また、このころ40代にさしかかり、タクシー運転手からの引き際も考え始めた時期でもありました。

１階は20席ほどの店にして、２階が小さいながらも自宅スペース。主力メニューは、フライと焼きそば。切り盛りするのは、夫婦ふたりだけです。

2000年7月3日、こうして慈げんが始まりました。

フライはこのあたりで育った子どもにとってはソウルフードのようなもので、お好み焼きを薄くして大きくしたような、おやつであり軽食。子どものころは駄菓子屋で数十円でよく買っていたものでした。そのシンプルな味を再現するのは、そう難しいことではなく、感覚はすぐにつかめました。落花生油を使って柔らかく焼き上げ、ソースに青のり、さらに揚げ玉を散らして慈げんオリジナルの完成！すぐにファンもつきました。

また、物件の古さには目をつぶり、立地のよさを優先したのは成功で、近くのデパートに来る人が立ち寄るようになり、思いのほか早く店の存在は知られるようになりました。

さらに忙しさが増したのは、その翌年から。

県内随一の小麦生産地である熊谷が、町おこしの一環として、熊谷産地粉（小麦粉）をアピールするようになったのです。地元とそこで頑張る人を応援したい気持ちから、慈げんでも「熊谷うどん」を提供することにして、いくつかのうどんメニューも始めました。やるとなったら、オリジナルのものを作りたくて、地粉を仕入れてうどんをこね、鰹《かつお》と昆布の出汁でつゆを作り。熊谷うどんを提供する市内の店の中でも、手間のかけ方は断トツだったと思います。

フライ同様、慈げんのうどんはなかなかの評判でした。

日本一暑い熊谷でかき氷が盛り上がる

フライにもうどんにも季節はありませんが、夏には、また違ったメニューも欲しくなります。そこで、暑い熊谷で暮らす人、訪れる人をねぎらう意味で、夏の間だけかき氷を始めました。店を開いた翌年のことです。

とはいっても、いちごやブルーハワイなど市販のシロップをかけて提供する簡単なもので、うどんを食べたあとのデザートといった位置付けです。

地元のお得意さんも増えて、フライとかき氷、うどんにかき氷、といった組み合わせが定番になっていきました。

それでもうどんや出汁は一貫して手作りなので、忙しいと夫婦ふたりだけでは回らなくなります。かといって従業員を雇う余裕はありません。頼るは息子たちです。

長男は中学に入ってすぐから厨房でフライを焼く手伝いを、次男は小学5年からオーダーを取り始めました。平日は学校が終わってから夜まで。週末は昼から夜までずっと。最初はお小遣いがもらえるから、と喜んでいましたが、やがて仕事そのものが楽しくなったのか、自分たちから率先して手伝うようになりました。

そして、かき氷を作るのは、店主である私の仕事でした。


熊谷市が、暑い夏のクールダウン対策のひとつとして、「雪くま」というプロジェクトを始めたのが2006年のこと。発足に合わせて、行政の若手の方から声をかけていただき、「雪くまのれん会」の会長を引き受けることになりました。

「雪くま」は、熊谷の水からできた氷を使い、ふわふわと雪のように柔らかく削ったかき氷。雪くまに参画する店舗は、さらに各店オリジナルのシロップを使うことが条件でした。

「雪くま」の条件に合わせ、ほかの店に氷のかき方やシロップの作り方をアドバイスしたり、「熊谷のかき氷」をもっと知ってもらう活動にも協力し始めました。

熊谷の地名とかき氷が全国に知られたのは、翌2007年の夏。8月16日、熊谷が観測史上最高気温40・9℃を記録したのです。

それまでは、現在のように全国の天気予報で熊谷が画面に出ることはなかったと思います。それが2007年の夏以降は暑い場所として知られ、天気予報にも毎日取り上げられ、慈げんの店先でも、ずいぶんニュースや情報番組が撮影をしていったものです。市内には大きな温度計を掲げて、暑さを町おこしのひとつにする動きもありました。

でも、あまりに暑すぎると、かき氷を食べる人の出足もにぶるようで。また、テレビに取り上げられて来店者が増えるのもいっときのこと。ニュ

桜

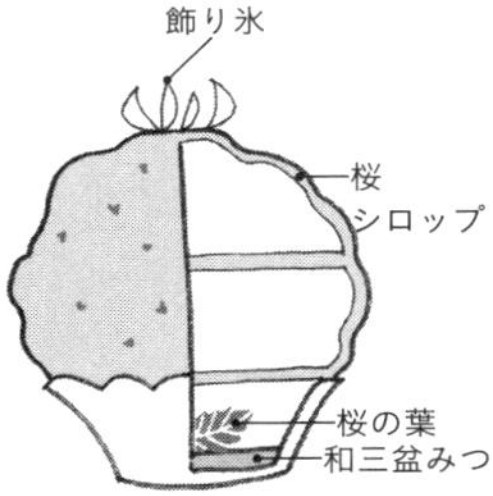

ザ生いちご

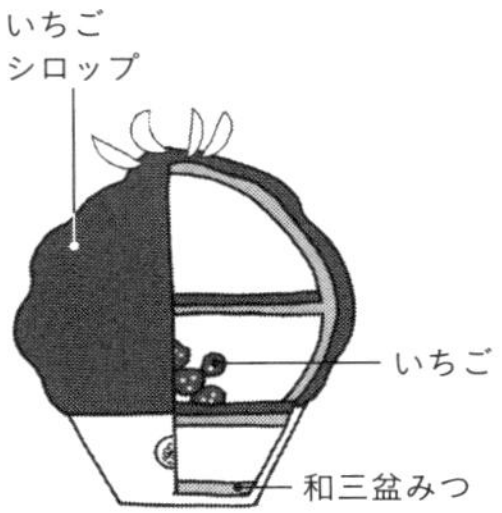

ースのネタや、お祭り騒ぎに乗っかるよりも、きちんとかき氷好きのお客さんに応えていきたいと、あらためて感じたときでもありました。

そうと決まれば、お客さんが喜ぶメニューを考えていくだけです。

2006年から出している〈桜〉のかき氷をはじめ、〈いちご〉〈抹茶〉など、今も続いている定番メニューは、このころに次々加わっていきました。すいか、グレープフルーツ、レアチーズなど、これまでのかき氷にはなかった挑戦的なメニューも、徐々に増えていきますが、しばらくは、フライやうどんといった食事メニューも、提供し続けていました。

そうしながらも、作りたいかき氷はどんどん増えるし、アイデアも頭の中でぐるぐるしている。

考えることをやめられなくなったのも、このころからでした。

抹茶

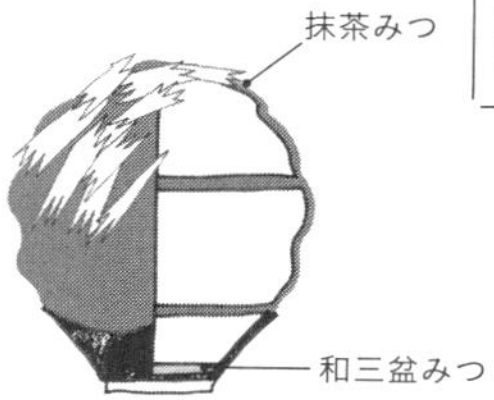

高血圧、糖尿病、頭痛にめまい。病気とは仲よく長いおつきあい

少しペースダウンしないと、ヤバそうだな。

そう感じたのは、２００９年ごろ。持病のめまいがひどくなったのです。思い返せば、販売員をしていた30代からめまいは感じていました。新人教育を任されて気を張り詰めたあと、販売の追い込みで頑張ったあと、しばらくしてめまいが来るという、サイクルにも気づいていました。

病院では、良性発作性頭位《とうい》めまい症だと診断されましたが、決定的な解決方法はなく、酔い止めの薬を飲んだり、休んだりしながら、なんとか仕事を続けてきました。

商売を始めてからも、朝起きたとたんに天井がぐるぐる回っていること

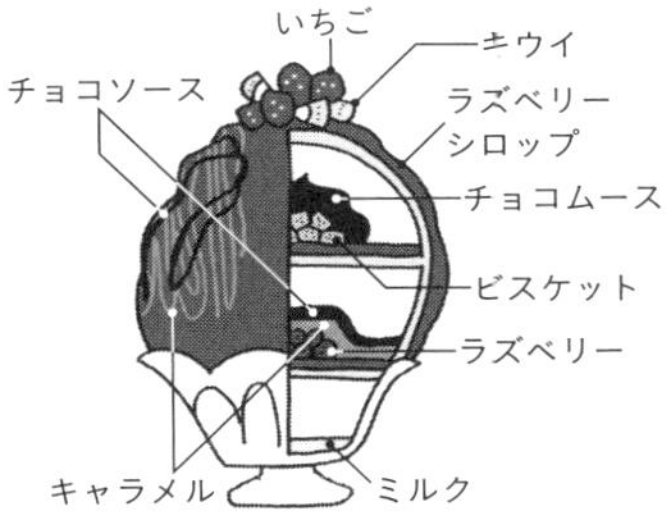

ベリーベリーチョコっとキャラメル

があって、そんなときは酔い止めの薬を飲んで、なんとか抑えて。お得意さんが増えてきた時期でしたが、めまいがひどい朝は、臨時休業することもありました。そんなときは、申し訳なさでいっぱいになります。

特に50歳を過ぎてからは、五十肩もあらわれて、体にガタがくるとき。無理しないで体とつきあいながら、やっていくしかありません。

次男が高校を卒業して本格的に店を手伝うようになり、メニューはかき氷だけにして、現在の基盤をつくったのが2011年ころ。

少しの間、体を休めることはできても、頭を休めることは、なかなかできません。どうしても、考え続けてしまうのです。

お正月氷を始めたり、変わりダネとして話題になった焼きパインを取り入れたり、大根を使い始めたり（2012年）。ずっとやりたかったクリスマスケーキ型、続いてバレンタイン氷〈ベリーベリーチョコっとキャラメル〉にホワイトデー氷〈ホワイトラブ〉、と攻め続けたのは、頭に浮かんでくることを、とにかく形にしていった結果です。

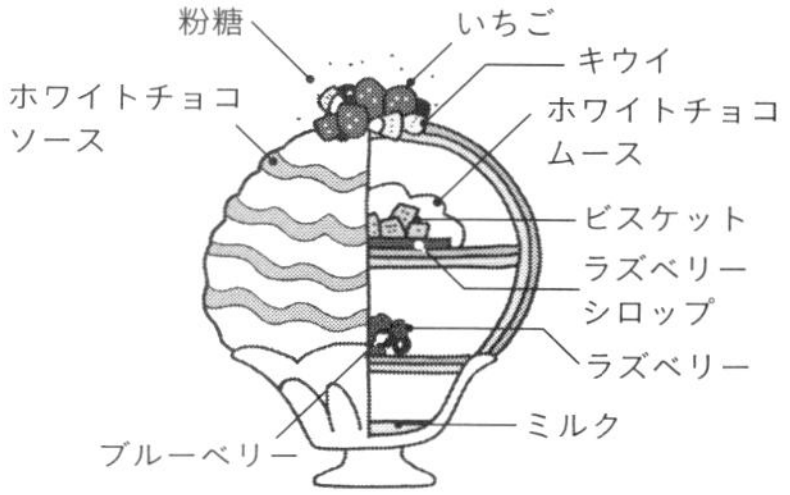

その後も、めまいから解放されることはありませんでした。四六時中考え続けて、味や香りに過敏になって、それで眠りも浅くなって、職業病といえばそれまでですが、かといって、考えることをやめたら、それはそれでストレスになってしまいます。

症状がひどくなった2016年、思い切って1週間お店を閉め、初めて検査入院をしました。そこで診断された病名は、脳過敏症。脳が過剰に反応したり、神経を圧迫したりすることで、頭痛やめまいが起こる病気です。なるほどな、という感じでした。

その上、高血圧に糖尿に、それぞれの薬も欠かせません。

考えることも働くこともやめられないけれど、好きなことをしているほうが、病気のことを考えなくてすむし、気持ちは軽い。妻は、病名がはっきりしたことで、かえって安心したようでしたし。

「あとは、病気と仲よくやっていくだけね」と。つらかったはずなのに、それを笑顔で言うんですから。

やはり、根っからの楽天家なのだと感心させられました。

入院以外で、長く休んだのは一度だけ。2018年6月、現在の店舗に移転するときは、1か月ほど店を閉めました。

18年間営業した旧店舗は、台風が来ると屋根が飛びそうだし、傾きもひどくなって、取り壊すことになったのです。

少し前から物件探しはしていましたが、広さがある程度あってたくさんの荷物が収納できて、道路も広めで人が外に並んだときでも近隣に迷惑がかからなくて…。となると、候補はそう多くありませんでした。

移転の作業は想像以上の大変さでした。引っ越し業者を頼むことも考えましたが、調理道具や店の飾りつけ道具など、大量の荷物は、どこに配置するかを考えながら作業しなくてはならないため、自分たちでやったほうが効率いいだろうということになったのです。

家族総出で朝から晩まで、運んでは片付け、運んでは片付け。小さな店舗に、いったいどうやってこれほどの物がおさまっていたんだろうと、不思議に思ったほどの量でした。

引っ越しが終わって片付けも済み、ようやく落ち着いたところで、２０１８年7月23日、また最高気温の記録を更新。熊谷は再び日本一暑い街になりました。記録が出た日は月曜だったので、店は定休日。暑さとかき氷の画《え》を撮りたいと駆けつけた、ニュースや情報番組は、がっくりしたんじゃないでしょうか。

正直言うと、この移転のタイミングで、店を都心に移すことも、少しばかり頭をよぎりました。そうなると、メニューや値段など、変更しなくてはならなくなるでしょう。利益や回転率、原価率といった、ほかの店と同じようにビジネスの道理をあてはめなくてはならないかもしれません。でも、そうしたら慈げんではなくなってしまいます。

19年間に、少しずつ増えてきたお得意さんの顔を思い浮かべたら、それはできません。やっぱり慈げんは熊谷にあって成り立っています。

少々不便だし、ずいぶんクセの強い店ですが、そして店主の体調しだいで臨時休業もあるかもしれませんが、それもひっくるめて慈げんです。

証言

「生まれ変わっても、また慈げんをやりたい。来世もおいしいかき氷を食べたい、作りたい」

（慈げん㊗店主・宇田川祥絵）

ふたりで店をやるなら、洋服屋か飲食店のどちらかって決めてました。どちらにしても、サラリーマンよりは、お客さんと接して顔を直接見られる接客業が、私たちには合ってるんだと思います。

そして何をやるにしても、夫についていけばきっと大丈夫。直感でそうわかりました。

ただ、めまいの病気のことだけは、本人もつらいし、私も見ていてつらいし。自分のお店だから休めばいいけれど、そういうわけにもいかないし。まあ、病気とは長いおつきあいだとあきらめて、うまくやっていくしかないんじゃないでしょうか。

私の体調？　キツいことはたくさんあるけど、元気です。手の使いすぎと氷による冷えで、手指がむくんだり、痛くなったりすることはありますけどね。グーパーして手を動かして、なんとか使ってます。いっときは痛くて力も入らなかったので、これでもずいぶんよくなったんですよ。

マスターが体調悪かったらなおさら、私までくたばってる場合じゃないですからね。唯一、新宿髙島屋での出店が終わったあとは、疲れてひたすら眠り続けました。でも、1日2日寝続けたら、元気に復活！　単純なんです。

休むときでも、何か新しく始めるときでも、マスターはいちおう「どっちがいいかな」って聞いてきますが、そう言いながらもう心の中では決まっています。悩むのは時間のムダだって、わかってるんですよ。

それに、私が反対しても口をはさんでも、聞かないできっと反対のことをしちゃうだろうし。だから、どうしてもやめてほしいことがあったら、「どうぞどうぞ、やってちょうだい」って気持ちと逆のことを言います（笑）。そうすると、うまく回っていくんです。昔はけんかもしたけれど、今は疲れちゃうので、しなくなりましたね。

そのあたりは息子もよくわかっていて、私たちふたりきりでは任せられないって、思っているのかもしれません。子どものときから、店の手伝いを嫌がったことはないし、マスターの言うことはきっちりと守っているし。それでいて、今は少しずつ自分の味とペース配分を考えられるようになってきて。

頼もしい限りです。

ただ…、私がずっと店が中心の生活で、満足に面倒を見てあげられなかったし、食事もちゃんと作ってあげられなかった。申し訳なくて、できることなら、子育てをやり直したいくらい（笑）。


先日、地元で飲食店をやっている私の幼なじみたちと食事に行ったんですけどね。「生まれ変わってもまた、この商売やる？」という話になったんです。みんななんて言ったと思います？

「うーん、どうしようかな」「大変だし、嫌だな」って。

私は、生まれ変わってもまた慈げんをやりたい。

どんなに大変でも、この仕事と、家族と、お客さんと、笑い合って、おいしいかき氷を食べたいし、作りたい。子育ても再挑戦したい。

友人たちはびっくりした顔で、「本当に好きなんだね」ってあきれてましたけど。それくらい、本当にこの仕事とこの店が大好きなんです。

じげん

慈げん

埼玉県熊谷市宮町2-95　間庭ビル1階
駐車場なし
定休日：月曜、火曜
営業時間：10時〜16時

Twitter「慈げんの業務連絡」@jigenkumagaya
ご来店前に、Twitterにて
短縮営業・臨時休業を必ずご確認ください

WHAT'S 慈げん!?

常連100人アンケート

ご協力いただいたみなさま

●平均年齢

39.65歳

●職業

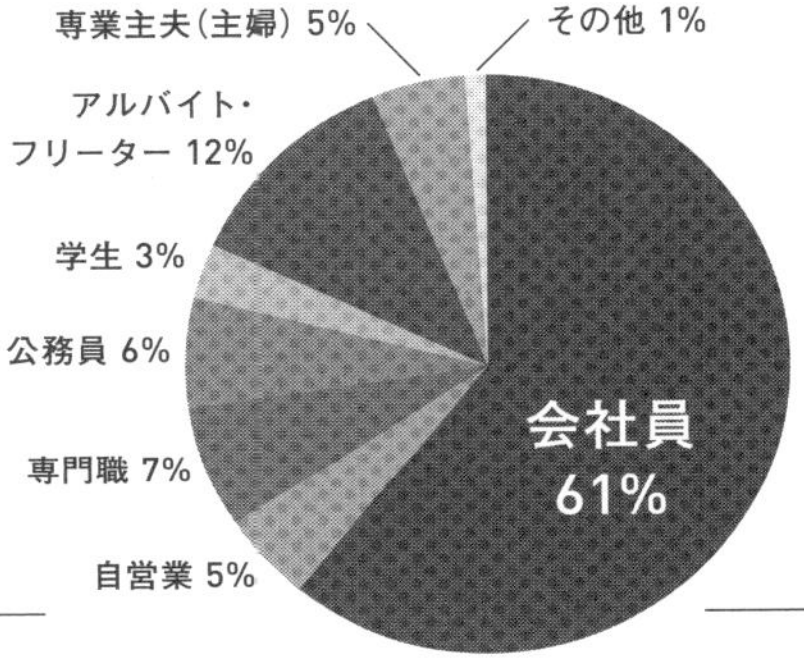

●通う頻度

協力

あーる／r／あしゅ／あつやき／ayu／あんず栗好き／Yes／いっきゅう／ウララ／エディ／enna／eringer419／お花／オリビアねこ／かかよん／かき氷おじさん／kiki／☆cat-can☆／kyo／Kiyomi／きらきら／金ちゃん／くますけ／けったま／けん／GENJI／こなつ／sai／三度の飯よりかき氷／しまちゃん／水族館スタッフ／ステ子／スノーエル／030／SoU／タモリ／タロウ／ちくわぶ／チャーコ。／ちょこ／てきょん／tomo／とら／なあ／Na~-in（ナーリン）／なお／なかとも／なみなみ／Nari／のんちゃん／baboko／PANDA／ぶーねこ／BRENDA／ペンギン／ホウジ／まいみ／まっしろ／みなぎ／muku_soap005／めるりん／yuki／ゆゆん／YOKOO!／Lovebird／りるる／りん／るー／れもんた／ワイブル／xxxyoshino　ほか匿名のみなさま

STAFF CREDIT

デザイン
細山田光宣、松本歩（細山田デザイン事務所）

イラスト
谷山彩子

表紙帯写真
藤岡雅樹

特別協力
小林伸光（茶の西田園）
権田清志・権田幸子（権田酒造）
栗原和江（NPO 法人くまがやピンクリボンの会）
安田亮介（浅草浪花家）
岡田桂子（ほうせき箱）
御子柴妃富（みこや）
Niccori~na
たま
宇田川祥絵・宇田川慧士（慈げん）

写真協力
なかとも／すもも蜜／まいみ／あゆ／キウイ君／ GENJI ／ホウジ

制作
望月公栄・斉藤陽子

宣伝
野中千織

販売
鈴木敦子

編集
大野美和

真夏も雪の日もかき氷おかわり！

「慈げん」が人を熱狂させる5つのたくらみ

2019年7月3日　初版第1刷発行

宇田川和孝／著
南 ゆかり／取材・文

発行人　金川 浩
発行所　株式会社小学館
〒101-8001
東京都千代田区一ツ橋2-3-1
編集　03-3230-5170
販売　03-5281-3555
印刷所　凸版印刷株式会社
製本所　牧製本印刷株式社

Printed in Japan
ISBN978-4-09-388703-8